ウアイヌコロ コタン アカラ
ウポポイのことばと歴史

国立アイヌ民族博物館［編］

国書刊行会

[上] ウアイヌコロ コタン（ウポポイ）全景 Photo by TANSEISHA Co., Ltd. and NITTEN CO.,LTD.
[下] アヌココロ アイヌ イコロマケンル（国立アイヌ民族博物館）外観

［上］［中］アエキルシ（プラザ展示）
［下］イタㇰ（私たちのことば）

[上] イノミ（私たちの世界）
[中] ウレシパ（私たちのくらし）
[下] ウパシクマ（私たちの歴史）

［上右］［上左］［下］ネㇷ゚キ（私たちのしごと）

[上] ウコアㇷ゚カシ（私たちの交流）
[下] イケレウシ テンパテンパ（探究展示 テンパテンパ）

舞踊公演 （公財）アイヌ民族文化財団提供

[上] 寒干しの鮭 （公財）アイヌ民族文化財団提供
[下] ファミリー向けプログラム「ポン劇場」（公財）アイヌ民族文化財団提供

イノミ（私たちの世界）

ウアイヌコロ　コタン　アカラ　ウポポイのことばと歴史

目次

凡例

一、本書で用いる語句は以下のように表記を改めた。

・「民族共生象徴空間」は本書ではウポポイとする。必要に応じて、アイヌ語正式名称である「ウアイヌコロ コタン」と日本語正式名称である「民族共生象徴空間」とする。

・「国立アイヌ民族博物館」は「当館」と必要に応じ「国立アイヌ民族博物館」とする。

・一九八四年に開館し、二〇一八年に閉館した博物館を旧アイヌ博物館、「アイヌ民族博物館」、あるいはポロトコタンとする。

・『「民族共生の象徴となる空間」における博物館の基本構想』(二〇一三年)は「基本構想」とする。

・「国立のアイヌ文化博物館(仮称)基本計画」(二〇一五年)は「基本計画」とする。

・「国立アイヌ民族博物館展示計画」(二〇一六年)は「展示計画」とする。

・「アイヌ文化の振興並びにアイヌの伝統等に関する知識の普及及び啓発に関する法律」は略称である「アイヌ文化振興法」とする。

・「アイヌの人々の誇りが尊重される社会を実現するための施策の推進に関する法律」は略称である「アイヌ施策推進法」とする。

二、国立アイヌ民族博物館の展示に関する写真はクレジット記載のあるものを除きすべて国立アイヌ民族博物館の提供による。

三、本書で言及しているウポポイについての情報は、刊行時期(二〇二三年三月)現在のものとする。

はじめに

立石信一

二〇二〇（令和二）年七月一二日、ウアイヌコロ コタン（民族共生象徴空間、愛称ウポポイ）は開業しました。アイヌという言葉は、「人間」などを意味するアイヌ語で、民族名称でもあります。そして、二〇一九（令和元）年に施行された「アイヌ施策推進法」によって、アイヌ民族は「日本列島北部周辺、とりわけ北海道の先住民族」とされました。ここでいう先住民族とは、「一地域に、歴史的に国家の統治が及ぶ前から、国家を構成する多数民族と異なる文化とアイデンティティを持つ民族として居住し、その後、その意に関わらずこの多数民族の支配を受けながらも、なお独自の文化とアイデンティティを喪失することなく同地域に居住している民族[1]」を指しています。したがって、アイヌ民族の場合は、近代国家（明治政府）からの支配が及ぶ前から住んでいたために先住民族とされたのです。

こうしたアイヌ民族の歴史・文化を学び、伝えるナショナルセンターとして、

（1）アイヌ政策のあり方に関する有識者懇談会「報告書」二〇〇九年、https://nam.go.jp/wp/wp-content/uploads/2020/10/siryou1.pdf（閲覧日 二〇二一年一二月二八日）

アイヌ政策の「扇の要」であるウポポイは「アイヌ政策のあり方に関する有識者懇談会」で提言され、整備されました。ウポポイは、明治以降の同化政策などの結果によって生じた伝承者の減少や、存立の危機にあるとされるアイヌ語や伝統工芸などのアイヌ文化を復興・発展させる拠点として位置付けられています。さらに、新たなアイヌ文化の創造及び発展に寄与するという理念も掲げています。

主要な施設は国立アイヌ民族博物館と国立民族共生公園、そして慰霊施設です。白老《しらおい》町のポロト湖畔にあるこうした施設からなるウポポイでは、開業以来、多くの来場者を迎え入れてきました。そうしたなか、施設そのものと、そこで行われる演目や展示をめぐって、多くの意見と、批判も受けてきました[2]。意見や批判のなかには、背景としてウポポイや国立アイヌ民族博物館の設立の経緯や理念、あるいはそこで働く職員が何を考え、何を目指しているのか、といったいわば等身大の姿が十分に伝わっていないためではないかと考えられるものもありました。

こうした現状を鑑み、理念や働いている職員の姿など、ウポポイのいまを伝える目的で本書は編まれました。執筆したのは国立アイヌ民族博物館と国立民族共生公園で働いている役職員、そしてウポポイに在勤している文化庁のアイヌ文化調査官です。したがって、執筆者各自が日々ウポポイの業務にあたり、来場者と接しています。そうした現場からの声を受け取る機会として、本書を手に取っていただければと思います。

（2）こうした意見や批判の詳細については、是澤櫻子、マーク・ウィンチェスター「ウポポイと報道――道内新聞を中心とした内外発信における類似と相違分析に向けて――」『境界研究』No.12、二〇二二年、一二七―一四二頁、立石信一「『議論の場』としての博物館の構築に向けて――国立アイヌ民族博物館での展示における試み――」『境界研究』No.12、二〇二二年、一〇七―一二六頁を、また本書では、田村の論考（第六章）などを参照されたい。

なお、本書はウポポイの活動を網羅的に取り上げるものではなく、また働く職員についても一部を取り上げているに過ぎません。したがって、全体像を知るには、より多くのウポポイの活動にふれていただき、これから発表される様々な論考などもお読みいただきたいと考えています。そして何よりも、本書を手に取っていただいた読者の方々が来場し、直接ウポポイにふれ、感じていただけることを願っております。

本書の具体的な構成は次の通りです。

「博物館の歩きかた」は、より専門的な見地から博物館を楽しんでいただきたいという目的で執筆しました。本書の第一部「ポロトの歴史と、ウポポイができるまで」では、ウポポイがどのような土地に、どのような経緯で作られることになったのかを論じたものです。第一章で立石がウポポイのできた白老のポロト湖畔がいかなる場であるのかを、第二章では内田が主に国立アイヌ民族博物館の設立に至る経緯をまとめています。第二部「ウポポイのアイヌ語」では、ウポポイにおいて第一言語と定めるアイヌ語について、いかなる取り組みが今までなされてきたのか、そしてなされているのかを論じるものです。第三章で小林がアイヌ語を第一言語としているウポポイにおける試みを論じ、さらに博物館の展示解説文をアイヌ語で執筆することについて第四章で深澤が論じています。第三部「博物館展示のこころみ」では、博物館の展示をめぐって、来館者に向けていかなるこころみがなされているかを論じています。第五章では佐々木が博物館設立準備室以来の設立理念なども踏まえて、展示のあり方について論じ、第六章の田村は、自身が展示検討委員会ワーキング会議の委員であった経験も踏まえて、展示のねらいについて論じ、第七章では笹木がコロナ禍も経験した博物館で行っている教育普及活動について論じています。

論考のほか、各章にはコラムを掲載しています。山道は伝統芸能上演プログラムの制作について、自身の経験も交えて論じています。山丸は自身と祖父、父親がともにポロトで働いていた／働いていることをふまえ、ウポポイができたことの意義について論じています。押野と秋山は自らのフチ（祖母）のこと、そしてフチから受けた教えなどについて論じています。奥山は博物館の探究展示テンパテンパができるまでとコロナ禍での運用について、劉は開館後にオープンした博物館のバーチャルミュージアムについて論じています。

本書は二〇二二（令和四）年一二月一三日から二〇二三（令和五）年二月一二日まで開催された国立アイヌ民族博物館第三回テーマ展示「ウアイヌコㇿ コタンアカㇻ――民族共生象徴空間（ウポポイ）のことばと歴史」の関連書籍として刊行するものです。本テーマ展示は、第一章「ポロトの歴史と、ウポポイができるまで」と第二章「ウポポイのアイヌ語」そして、第三章「博物館設立準備室での試み」の構成で開催しました。その他、博物館一階のエントランスロビー展示では「国立アイヌ民族博物館の歩きかた」を同時開催しました。

なお、本書の第一章立石、第三章小林、第四章深澤、第六章田村の論考は、ウェブマガジン『artscape』「キュレーターズノート」に掲載された立石信一「ポロトコタンの半世紀——行幸、万博、オリンピックを補助線として」（二〇一九年七月一五日）、「ポロトコタンのあゆみ　1976-2018」（二〇一九年一一月一日）、田村将人「国立アイヌ民族博物館の基本展示で伝えたいこと」（二〇二〇年一二月一五日）、小林美紀、深澤美香「第一言語をアイヌ語にするために——国立アイヌ民族博物館の挑戦」（二〇二二年四月一五日）を大幅に加筆修正したものです。また、その他の論考、コラムについては本書のために書き下ろしたものです。

テーマ展示のタイトルの一部とした「アカㇻ」は、「私たちがつくる／つくった」を意味するアイヌ語です。民族共生象徴空間に携わっている私たち職員だけではなく、直接的に協力していただいている方などの関係者はもちろんのこと、来館者などを含め、多くの方々の力でウポポイは作られてきたのであり、これからも作られていくだろうことを願って本展のタイトルとしました。こうした願いは本書でも引き継いでいます。

博物館の歩きかた

小林美紀、立石信一

はじめに

当館で過ごす時間を、より有意義なものにしていただきたいとの思いを込めて、博物館で働く研究員・学芸員の視点から「博物館の歩きかた」を紹介します。

「アヌココㇿ アイヌ イコロマケンル 国立アイヌ民族博物館」と右手に書かれた入口から建物に入り、風除室を抜けると、一階右側にはイノカヌカㇻ トゥンプ（シアター）があります。ここでは、「アイヌの歴史と文化」「世界が注目したアイヌの技」という二本のプログラムを上映しています。その奥にはアスㇽコㇿ ウシ（総合案内）とイコロマケンル イホㇰ ウシ（ミュージアムショップ）が見え、その横に講演会や学校団体向けプログラムなどを行うウウェネウサㇻ トゥンプ（交流室）があります。この部屋の横には「エントランスロビー展示」を行っている展示ケースがあり、特別展示やテーマ展示の会期中にはそのテーマに関連する展

写真1 当館入口の表示

示や、国立アイヌ民族博物館をより深く知ってもらうための展示を行っています。また、同じく一階にカンピソㇱ ヌカㇻ トゥンプ（ライブラリ）もあります。アイヌ文化や歴史を取り上げた書籍を中心に扱っており、どなたでもご利用いただけます。二階には二つの展示室があります。一二五〇平方メートルのイコロ トゥンプ（基本展示室）は常設ですが、定期的に展示替えを行っています。一〇〇〇平方メートルのシサㇰ イコロ トゥンプ（特別展示室）は、特別展示・テーマ展示を年に複数回行っています。どちらの展示室も、定期的に展示が入れ替わっていますので、ぜひそこにも注目してください。

パノラミックロビー

博物館の二階、展示室に入る前の空間には、インカㇻ ウシ（パノラミックロビー）が広がっています。ポロト湖側が全面ガラス張りになっており、ウアイヌコロ コタン（ウポポイ）の各施設とポロト湖、そして晴れた日には窟太《くった》郎《ろう》山などの山並みが見渡せます。ポロト湖周辺には一九六五（昭和四〇）年に開業した観光施設であるポロトコタンを前身とする旧アイヌ民族博物館がありましたが、そうした施設がこの地にできた理由のひとつも、ポロト湖と周囲の森が織りなす景観の良さからでした。ポロト湖の周囲に広がる森はポロト自然休養林として整備され、自然を楽しみたい人たちの憩いの場であるとともに、四季折々の風景を楽しめま

写真2　パノラミックロビー
Photo by TANSEISHA Co., Ltd. and NITTEN CO.,LTD.

す。初夏の緑みなぎる季節や秋の紅葉シーズンの景観にくわえ、冬にはポロト湖が全面結氷し、氷や雪に覆われたこの地ならではの風景が広がります。こうした景観を一望できるパノラミックロビーは、絶好のフォトスポットとしても人気です。

基本展示室の歩きかた

常設展にあたる基本展示室は、柱や仕切りのない一つの大きな展示空間になっており、六つのテーマ「イタㇰ　私たちのことば」、「イノミ　私たちの世界」、「ウレㇱパ　私たちのくらし」、「ウパㇱクマ　私たちの歴史」、「ネプキ　私たちのしごと」、「ウコアㇷ゚カㇱ　私たちの交流」と「イケレウシテンパテンパ　探究展示テンパテンパ」、そして「アエキルㇱ　プラザ展示」から構成されています。展示室の中央にはテーマの一つ私たちのことばコーナーがあり、その周りを取り囲むようにプラザ展示があります。プラザ展示には一四基の展示ケースと、そこに解説文が設置されており、一周すれば「アイヌ文化の概略」がわかるようになっています。より詳しく知りたい人向けに、プラザ展示の周囲に五つのテーマの展示が配置されています。各コーナー間は自由に行き来できるようになっているため推奨動線はありません。そのため、展示室のどこにどのテーマが展示されているかわかるように、プラザ展示の上部に円環状のサインがあります。また、資

写真3　基本展示室
Photo by TANSEISHA Co., Ltd. and NITTEN CO.,LTD.

料の劣化を防ぐことや最新の研究成果を活かすことを目的に、染色資料や紙資料などの展示資料を中心に年に複数回の展示替えを行っています。

解説文

基本展示室は前述の通り、六つのテーマに分かれており、各テーマは、さらにいくつかのトピックから構成されています。例えば、私たちのくらしのコーナーは、衣、食、住、人の一生、芸能文化の五つのトピックを扱っています。このトピックごとに、メインとなる解説、「中テーマ解説」を設置しています。この中テーマ解説文は、当館の大きな見どころでもあります。アイヌ語、日本語、英語、中国語、韓国語の五言語で表示されており、「私たち」というアイヌ民族の視点で書かれている解説があることも大きな特徴です。アイヌ語の解説文は、各地でアイヌ語を学ぶ人やアイヌ語を受け継ぐ人によって書かれています。アイヌ語か

図1　中テーマ解説文

ら日本語、そして、日本語から各言語へと翻訳しました。アイヌ語解説文の末尾には、執筆者の氏名と方言を掲載しています。さらに細かな個別の事項については、「詳覧解説」で日本語、英語、中国語、韓国語の四言語で説明しています。この解説は、客観的な視点で書かれています。「中テーマ解説」でトピックの大枠をつかんだうえで、さらに理解を深めるために「詳覧解説」を読むことをお勧めします。また、この二種類の解説のほかに、図版を中心に構成した解説なども設置しています。

図2　キャプション

シンタ
ゆりかご
Cradle
摇篮
요람

1966年　北海道日高町

キャプションの内容と多言語表示

キャプションには、その資料が何であるかをアイヌ語、日本語、英語、中国語、韓国語の最大五言語で表示しています。アイヌ語については、資料そのものの収集地域、あるいは製作地域、使用されていた地域などが資料の付随情報から判明している場合は、その地域のアイヌ語の方言で記載し、不明な場合は各方言をできる限り併記しています。アイヌ語が不明であったり、ないものは四言語になっています。文書資料、絵画資料、書籍等はわかりやすさを考慮し、原資料名をそのまま記載するのではなく、できる限り説明的に紹介することを心掛けています。資料の年代、地域、遺跡名、原資料名、作者または使用者あるいは旧蔵者等の基本情報が判明している場合は、あわせて下部に表示しています。たとえば、松浦武四郎によって一八五九年に刊行された「東西蝦夷山川地理取調図」は、「アイヌ語の地名が書かれた地図」とし、英語、中国語、韓国語でも表示し、出版年と作者及び原資料名である「東西蝦夷山川地理取調図」は下部に記載しています。民具資料については基本情報が不明なことも多く、その場合は空欄とし、推定情報は記載していません。また、他機関等の所蔵のものについては所蔵先も表示しています。

キーワード

基本展示を見るにあたって、また、アイヌ文化を理解するうえでも、重要な「キーワード」がいくつかあります。例えば、基本展示室のなかではアイヌ語の「カムイ」という単語が解説文中にも繰り返し登場します。「カムイ」は「神」などと訳されることもありますが、単純に日本語の単語に置き換えることはできません。そのようなキーワードとなるアイヌ語をプラザ展示の一四ケースの外周に表示しています。たとえば、「カムイ」については、「人間の周りに存在するさまざまな生き物や事象のうち、人間にとって重要な働きをするもの、強い影響があるものなどをカムイと呼びます」と説明しています。このほか、「イタク／イタハ（ことば）」「イコロ／イコロ（宝物、宝刀、お金）」「イオマンテ／イヨマンテ／ヨーマンテ（イオマンテ／イヨマンテ／ヨーマンテ）」「チセ（家屋）」「チェプ／チェヘ（魚）」

写真4 キーワード

「アイヌ（人間、アイヌ民族）」「シサム／シーサム（和人、シャモ）」「チャシ（チャシ）」「マキリ（小刀）」「イウォロ（狩場）」「ウイマム（交易（する））」「チプ／チシ（舟）」「アットゥシ／アハルシ（衣服（樹皮））」を取り上げています。展示を見るうえでの手掛かりとして、展示室を巡りながら読んでみてください。

展示映像

基本展示室では資料とグラフィックのほか、多くの映像資料を用いています。基本展示室は天井が六・五メートルと高いため、正面奥の展示ケースより上部が投映スクリーンの役割を果たし、大型の映像で各地の「鶴の舞」と北海道の動植物を投映しています。これ以外にも展示空間には二〇台以上のモニターが設置されており、六テーマに即した映像は、各テーマの補足説明をしています。また、食文化を伝えるための料理をする場面や、儀礼における所作などは、それらを行っている場面を見ることによって、展示されている資料がどのように使われているのかなどを、具体性をもってイメージできるようになっています。また、歌や踊りなどの「アイヌ古式舞踊」は、国の指定重要無形民俗文化財であるとともに、ユネスコの無形文化遺産に登録されていますが、こうした「無形」の文化を展示で伝えるためにも映像を用いています。さらに、ゲーム感覚でアイヌ語にふれられるような仕掛けや、チセの大きさを知ってもらうためにＡＲ（拡張現実）画像

写真5　ＡＲ画像を映し出しているモニター

のチセも展示室のなかに展示しています。このように、一口に映像といっても様々な技法を用いて、モノによる展示を補足し、よりアイヌ文化を理解できるような工夫を行っています。

鳥

基本展示室の天井高をいかして、展示室の頭上や展示ケースには、鳥などの模型が展示されています。全部で八種類の鳥や獣がいますが、それぞれがアイヌ文化と深い関わりを持っています。ここではいくつかを紹介します。

○シマフクロウ【関連テーマ「私たちの世界」】

アイヌ語では、「コタンコㇿカムイ（集落を司るカムイ）」などと呼ばれています。ヒグマとならびとても位の高いカムイで、獲った時には厳格な霊送り儀礼をおこないました。基本展示室では、一九八三年に弟子屈《てしかが》で執り行われた「シマフクロウの霊送り儀礼」を映像で紹介しています。

○オオワシ【関連テーマ「私たちの歴史」「私たちの交流」／「探究展示」】

アイヌ語では「カパッチㇼ」などと呼ばれます。ワシの羽は和人との交易において重要な交易品で、矢羽根に用いられました。基本展示室ではグラフィック「一九世紀の交易ルート」のなかで、ワシタカの羽を紹介しています。

○オオジシギ【関連テーマ「私たちの交流」】

写真6　展示室内の鳥の模型

北海道で主に繁殖する渡り鳥です。アイヌ語では「チピヤㇰ」などと呼ばれます。和人が舟に交易品を積んでやってくることを知らせます。繁殖期のオスの求愛行動でもある特徴的な鳴き声と、急降下して尾羽を広げたときに立つ激しい音は、白老でも春になると聞くことができます。

このほかに、ミヤマカケス、エゾモモンガ、エトピリカ、エゾフクロウ、コノハズクがいます。基本展示室で探してみてください。

公園の構成

ポロト湖畔には、ウポポイの主要施設のうち、国立アイヌ民族博物館とともにアヌココロ ウアイヌコロ ミンタㇻ（民族共生公園）があります。ホㇱキアン チセ（エントランス棟）から入場し、左手に進むと円形の建物ウエカリチセ（体験交流ホール）があります。このホールは約三〇〇名収容でき、伝統芸能などを上演しています。ホールの先にはヤイハノッカㇻ チセ（体験学習館）があり、ムックリやトンコリの体験型ワークショップを実施しているほか、アイヌ料理の調理や試食なども行っています。次にエントランス棟から入場し、博物館の建物を右手に見ながらまっすぐ進むと小さな橋が見えてきます。ここから先が旧アイヌ民族博物館のあった敷地です。橋を渡ってすぐ右手に見える黒い建物はイカㇻ ウシ（工房）です。手仕事の実演とともに、木彫りや刺繍の体験もできます。工房の隣にはアイヌ家

写真7 ウポポイ全景
Photo by TANSEISHA Co., Ltd. and NITTEN CO.,LTD.

屋を模した大きな建物がありますが、この建物が一九八四（昭和五九）年に開館した旧アイヌ民族博物館で、現在はウポポイのコタン セレマク（管理運営施設）として使われています。その先のテエタ カネ アン コタン（伝統的コタン）には、復元された伝統的家屋二棟のほか、儀礼の見学やワークショップを実施するために現代の工法で建てられた伝統的家屋が三棟建ち並んでいます。広い公園のなかに点在する各施設で、多くのプログラムが実施されているので、どこをどのようにまわるか事前に計画しましょう。

第一部　ポロトの歴史と、ウポポイができるまで

第一章　ポロトの歴史

――ポロトコタンからウポポイの開業まで

立石信一

はじめに

「白老」という町の名前をどれだけの人が知っているだろうか。知名度もさることながら、読み方もまた難しい。「しらおい」と読む。北海道の多くの地名と同じように、白老もアイヌ語由来の地名とされている。アイヌ語の「シラウ・オ・イ」に由来するとされる説などがあり、その意味は「虻・多き・処」[1]などと言われている。

白老町は、北海道の空の玄関口である新千歳空港から南西方面に五〇キロメートルほどの場所にある太平洋に面した町で、東隣には国内屈指の取扱貨物量の港を有する苫小牧市があり、西隣には温泉で有名な登別市が控えている。さらにその西隣には「鉄のまち」として有名な室蘭市がある。

（1）山田秀三『北海道の地名』（アイヌ語地名の研究　別巻）草風館、二〇〇〇年、三八三頁。

そのような地勢にある白老町に、二〇二〇（令和二）年七月、国立アイヌ民族博物館を含む、ウポポイがオープンした。設立の目的は「アイヌ文化を復興・発展させる拠点として、また、将来に向けて、先住民族の尊厳を尊重し、差別のない多様で豊かな文化を持つ活力ある社会を築いていくための象徴」となることである。こうした目的を持つナショナルプロジェクトとして開業したウポポイが所在するポロト湖畔には、二〇一八（平成三〇）年三月末まで財団法人が運営していた「アイヌ民族博物館」があった。通称はポロトコタンという。この博物館は観光施設として営業していたポロトコタンを前身とし、開業したのは半世紀以上も前の一九六五（昭和四〇）年のことだった。ポロはアイヌ語で「大きい」、トは「沼」や「湖」、そしてコタンは「村・集落」を意味し(2)、文字通り「大きな湖の村」ということになる。そして、ポロトは一九三九（昭和一四）年の字名改正までこのエリア一帯の地名としてもあったが、現在ではポロト湖という湖の名称のみが残されている。しかし、エリアを指す通称としては現在も使われている。

本稿では、白老の歴史を踏まえつつ、こうした歴史をもつポロト、とくにポロトコタンについて、「土地の歴史」として振り返ってみたい。

なお、本稿で引用した箇所には蔑称などの差別的表現が存在するが、歴史史料としてそのまま掲載している。

(2)「コタン」はアイヌ語で「村・集落」という意味があるが、白老や旭川、あるいは阿寒のように、観光客が訪れることによって観光地の名称としても呼ばれるようになった。本稿では、本来持っていた「村・集落」という意味よりも、観光地としてのコタンの意味を持つ場合に〈 〉付けとする。また、白老のようにコタンに人がやってきてそこが「観光地」とされたケースもあるなど、人の生活域としてのコタンと、観光地のコタンが明確に切り分けられないことも〈 〉を用いる理由としている。

白老が経験した近代

明治になり、新政府は蝦夷地を含む土地を北海道と改称し、近代国家としての日本の版図のなかに組み込んだ。そして「支配の主体を訪問した地域の人々、狭義の政治から疎外されていた女性や外国人、学生生徒を含む人々に視覚的に意識させることを通して、彼らを『臣民』として認識させる[3]」ため、天皇や皇太子が日本全国をまわる行幸啓を企図した。北海道には一八七六（明治九）年に明治天皇が初めて巡幸したのに続き、一八八一（明治一四）年にも再び巡幸している。そして、二度目の巡幸の際に明治天皇は白老に滞在し、そこでアイヌの人たちのイオマンテ（動物の霊送り儀礼）や踊りを観ている。このときのことは、『明治天皇御巡幸記』にも残されており、当時の様子を「夜旧土人男女四十名を行在所に召し、熊祭の儀を行はしむ、熊大小三頭を以て詣りしも、熊を殺さず、唯其の儀を行ふのみ、次に鶴の舞を奏す[4]」と伝えている。この時代、すでに本来の「儀」とは異なる形で、観せるための「儀」を行っているのである。

その後も皇室関係者の白老訪問は続き、直近では天皇陛下（当時）が二〇一一（平成二三）年の北海道行幸の際に、「アイヌ民族博物館」を訪れている。

明治期以降、天皇の足跡をたどるように、白老町を訪れる「観光客」は増えていく。そのような訪問者のひとりに宮沢賢治がいた。記録として残されている限り、賢治は二度、白老を訪問している。一度目は一九一三（大正二）年に盛岡中

（3）原武史『可視化された帝国　近代日本の行幸啓』みすず書房、二〇〇一年、一一頁。

（4）『明治天皇御巡幸記』六二頁。https://dl.ndl.go.jp/info:ndljp/pid/1192685（閲覧日　二〇二二年五月二四日）

学校の修学旅行の生徒として、そして二度目は一九二四（大正一三）年に花巻農学校の修学旅行の引率者として北海道を訪れた。そして、明治天皇と似たような行程を辿りながら二度とも「白老アイヌコタン」に立ち寄っている。

二度目の訪問のことは「修学旅行復命書」に記録されているので、そこから主だった訪問地を抜き出してみる。小樽高等商業学校（現小樽商科大学）、北海道帝国大学農学部博物館（現北海道大学北方生物圏フィールド科学センター植物園）、中島公園、札幌麦酒会社（現サッポロビール）、帝国製麻会社（現帝国繊維株式会社）、北海道帝国大学（現北海道大学）などである。そしてその後、苫小牧の王子製紙、白老のアイヌコタンなどを訪問したことがわかっている。

賢治たちが見て回ったのは、近代の装置とでもいうべき工場や学校などである。まさしく近代の光を観てまわる観光客であり、その一環として白老にも立ち寄ったといえるだろう。『或る農学生の日誌』(5)には、訪問地に「白老のアイヌ部落」も並べ、「あ、僕は数へただけで胸が踊る」と語らせている。

こうした管理された時間と行程のなかでの大人数の長距離移動は、鉄道の利用によって初めて可能となった。白老駅が開業したのは一八九二（明治二五）年のことであり、それは旧産炭地から積み出した石炭を室蘭港まで運ぶための室蘭本線の敷設に伴うものであった。これ以降、白老を訪れる多くの観光客もまた、鉄道を利用したのである。

（5）宮澤賢治『新校本宮澤賢治全集』第一〇巻（童話三）、筑摩書房、一九九五年、二五二頁。

賢治が訪れたのと同じ一九二四（大正一三）年に、白老で開催された「熊祭」を報じた新聞では「只もう人の波である」と伝え、「観衆三千人」を集め、「朝の一番列車からもう下車する人が続々」と来村し、「札幌から（中略）列車は満員鮨詰の盛況」[6]であることを報じている。またその前年の新聞では、「コタン唯一の陳列館」として「イカシトクの家」を紹介する記事で、「白老コタンが持つタツタ一つの参考館であり、陳列館で今頃から秋にかけて、アイヌの生活の実相を眺め様と訪れるものがひきも切ら《（原文ママ）》ない」[7]と報じている。

白老を訪れる観光客は、戦前から戦後にかけても増えていく。こうした例からもわかるように、ポロトコタンができるはるか以前から、白老は「観光地」として賑わっていたのである。

ポロトコタンの誕生

もともと人の生活域であったエリアに観光客が押し寄せたことによって、さまざまな問題を引き起こした。「お客さんたちが、アイヌの学校だといって、そのアイヌの学校を見るんだといって、土足でどんどんあがったものです。そして、校舎の中をめちゃめちゃに歩きまわる」[8]事態も発生した。私宅などに勝手に入り込んでくる観光客も絶えなかったという。また、観光客の側からも粗悪な観光対応などに対してクレームが寄せられるようになった。一九六四（昭和三九）年に

（6）以上すべて『北海タイムス』一九二四年二月二七日。

（7）以上すべて『北海タイムス』一九二三年五月一九日。

（8）財団法人アイヌ民族博物館編『財団法人設立20周年記念誌　二十年の歩み』一九九六年、四頁。

は白老の〈アイヌコタン〉を訪れた観光客数は五六万人余（『新白老町史』）にのぼっていたという。

そこで、白老町や北海道などの行政、観光業者、学者、そして観光に携わっていたアイヌの人たちが中心となって、市街地にあった〈アイヌコタン〉をポロト湖畔に移設することとなった。東京オリンピックが開催された翌年（一九六五年）のことである。日本列島はまさに高度経済成長期のただ中にあった。

白老観光コンサルタント株式会社によって、ポロト湖畔に〈アイヌコタン〉が移設され、のちに「ポロトコタン」と呼ばれることになる観光施設の営業が開始された。ポロト湖は、市街地の〈アイヌコタン〉から、白老駅をはさんで北東方向に直線距離にして二キロメートル弱のところにある湖で、それまでは氷の切り出しや、アイヌ文化を紹介する施設、そして宿泊施設がある程度だった。こうした湖畔に人工的に作った観光施設に「コタン」という名称をあて、観光地として「ポロトコタン」を大々的に整備したのである。

それまでの「駅前のゴミゴミしたところにあったころよりは数段施設が向上し自然の環境にも恵まれている」[9]ポロトコタンは、「アイヌ文化の正しい姿を紹介するとともに、家族ぐるみで楽しめる公園」[10]として整備された。

開業の二年後の一九六七（昭和四二）年には白老町立の白老民俗資料館も開館する。

写真1　ポロトコタンオープンの様子（白老町教育委員会蔵）

（9）竹吉新一郎『北海道観光　百景紀行』北海タイムス社、一九六六年、五四頁。
（10）同上。

さらに三年後の一九七〇（昭和四五）年には大阪万博の「日本のまつり」に出演することなどをきっかけに、白老民族芸能保存会が結成される。同時に、ポロト湖畔では一九六九（昭和四四）年に温泉の湧出に成功し、白老温泉ホテルポロト[11]が開業し、レクリエーションの場としても整備されていく。その後、ポロト湖周辺にゴーカート場が建設され、後背の森はポロト自然休養林として整備され、来訪者が増えていくこととなる。

ポロトコタンは開業後五年ほどは「大変厳しい時代[12]」だったのが、「（昭和）四五年を境にして、お客さんも一挙に増え（括弧内筆者）」[13]ていく。

この時期に観光客が増加した背景のひとつには、大阪万博によって整備されたインフラ需要の掘り起こしのために、「ポスト万博の旅行誘客策」として当時の国鉄が繰り広げた「ディスカバー・ジャパン」キャンペーンがあった。「美しい日本と私」をキャッチフレーズに展開されたこの一大キャンペーンによって、多くの人が日本中のとくに地方を旅することとなり、「ふるさと」が再発見されていくこととなった。この時代、当時戦後最長とされていたいざなぎ景気が起こり、一九七二（昭和四七）年には後に首相となる田中角栄が日本列島改造論を発表するなど、国土と列島にある文化がさらなる変化の波にさらされていた。

このとき白老は、国鉄が展開した全国キャンペーンに登場することはなかったが、白老町と白老町観光協会、そして北海道観光連盟によって地方版のキャンペ

（11）白老町町史編さん委員会編『新白老町史　下巻』白老町、一九九二年、六〇頁。

写真2　白老町立白老民俗資料館開館式の様子（白老町教育委員会蔵）

ーンが展開された。当時は駅などにポスターが大々的に掲示されていたという。

なお、ポロト湖で撮影された画像を使用した「ディスカバー・ジャパン」キャンペーンポスターのキャプションは、「ムックリを吹くアイヌの娘」とされている。また、ポロトコタンの入口付近に「森と湖のポロト　白老　ポロトコタン」という看板が掲げられていたこともあった。この、森と湖そして時にムックリを吹くアイヌの女性が登場するイメージは定型化され、さまざまな媒体で繰り返し使われ、この後も使われていく。なお、「ディスカバー・ジャパン2」における白老のキャッチフレーズは、「静寂のなかにロマンを求めて」だった。

ポロトコタンを訪れる人の目に真っ先に飛び込んできたコタンコロクル像は、白老町内にあったカーレース場から一九七八（昭和五三）年に移設されたものだった。「ディスカバー・ジャパン2」のポスターのメインビジュアルに使われたり、修学旅行生や団体旅行など、訪問客が像の前で記念撮影をするのがおなじみの光景となるなど、閉館までポロトコタンのシンボルとして知られていた。土産物店の並びが一新され、大きな熊の顔のレリーフがシンボルとなっていた商業施設「ミンタラ」がオープンしたのもこの時期である。

「アイヌ民族博物館」の開館

一九六七年に白老民俗資料館が開館したことは前述のとおりであるが、こうし

写真3　ポロトコタン森と湖看板（個人提供）

（12）財団法人アイヌ民族博物館『二十年の歩み』一九九六年、九頁。
（13）同右。

た資料館建設に向けた動きはそれ以前からあった。一九二三（大正一二）年の『北海タイムス』には、「アイヌ部落に旧土人参考館総予算三千円で建設」という記事が掲載されている。記事によると発起人には当時の志賀村長や「高橋土人病院長」、「森土人協会長」などが名を連ねており、主に白老の和人有力者が「アイヌ民族の滅亡」や、「和人に同化」することによって「歴史を語るものがだんだん無くなって行く」[14]ことを危惧してのことであった。一九二六（昭和元）年にも『室蘭毎日新聞』に「村会議決を経てアイヌ民族の考古参考館の建設方を支庁に請願している」[15]ことが掲載されているという。さらに一九二七（昭和二）年の『室蘭毎日新聞』では、平田村長他がアヨロ駅新設のため陳情上京中に提出した考古参考館請願書が採択され、「内務省では早晩札幌か白老に作る計画はあるが予算の捻出場所について調査研究して決定する必要があるので、ただちにということは困難であると伝えている」[16]と報じている。

ポロトコタンができたきっかけとなる理由に、市街地にあった〈アイヌコタン〉には「アイヌの生活様式や伝統的な文化財を紹介する見どころも乏し」[17]かったことや、「〝真のアイヌの姿〟とはほど遠いものになっている」[18]ことがあげられていた。

こうした事情があり、ポロト湖畔への移転は貴重な文化財が散逸しないことや、「アイヌの史実、風習などをわかりやすく、しかも昔のまま保つこととして配置

（14）以上すべて『北海タイムス』一九二三年五月一三日。

（15）『沿革誌』（私家版）五七頁。なお、『沿革誌』は、「旧アイヌ民族博物館」の職員によって、『二十年の歩み』の編さんの際に元となる資料を集め少部数印刷された。

（16）同右。

（17）「白老コタンの移転終わる　六日、盛大に完工式　アイヌ文化の新観光地に」『北海道新聞』一九六五年六月二日朝刊。

（18）「〝白老コタン〟の移転本決まり　場所はポロト湖畔　〝昔のままの姿〟を再現」『北海道新聞』一九六五年二月一六日朝刊。

を練り、〝本物〟を建て[19]ることが計画されたのである。したがって完成した「新コタン」では、三棟のチセのなかで「アイヌ文化を紹介する多くの文化財を陳列した[20]」のである。

こうした文化を展示することは「正しいアイヌ文化」を見せることや、アイヌ文化の保存という目的があったが、その背景にはアイヌ文化を観光に利用することや見世物にすることへの批判が起こっていたことがあげられる。

そうした観光へのアイヌ民族自身からの批判的な見方は戦前から起こっていた。市街地の〈アイヌコタン〉で観光業に携わっていた貝澤藤蔵は、一九三一（昭和六）年に自著『アイヌの叫び』を上梓しているが、執筆の動機として、「ウタリ等の真意を伝え、誤れるアイヌ観を打破し様との念願から[21]」であったと書き記している。こうした思いを抱いたのは、訪れた学校の先生からも「アイヌ人に日本語が分かりますか?」などの質問をされてしまう「泣きたいような気分になる[22]」状況があったのである。ポロトへ移転する直前の時期においても、「白老町では若いアイヌ青年たちが中心になって、観光コタンをなくす運動[23]」があったことが報じられている。

こうした経緯からも、「博物館」の建設は白老においては悲願だったと言える。ただしその主体となっているのは報道を見る限りでは和人である。

(19)「白老アイヌ部落の移転　ポロト湖畔が最適　道調査で五月をメドに実現へ」『北海道新聞』一九六五年二月九日朝刊。

(20)「新コタン誕生　白老ポロト湖畔みやげ店も立ち並ぶ」『北海道新聞』一九六五年六月七日朝刊。

(21) 貝澤藤蔵「アイヌの叫び」小川正人・山田伸一編『アイヌ民族　近代の記録』草風館、一九九八年、三七四頁。

(22)『アイヌ民族　近代の記録』三七五頁。

(23) 菅原幸助『現代のアイヌ　民族移動のロマン』現文社、一九六六年、八二頁。

一九七六（昭和五一）年には白老観光コンサルタント株式会社を発展的に解消し、北海道教育委員会に認可された財団法人白老民族文化伝承保存財団が設立された。設立趣意書には「文化的所産は、北海道文化の独自性を形づくる貴重な要素となっているものでありまして、今後の北方文化の発展のためにも正しく伝承保存していく必要性が痛感されます[24]」とある。こうして設立された財団法人の設立目的は、次の通りだった。

「白老地方のアイヌの文化的所産の伝承保存と公開に必要な事業を行い、もって北方文化の発展に寄与する」

これにより、博物館の設立につながっていくような学術的な活動や、文化の発展に寄与することなどを理念としてもつ組織に転換していった。そして、依然として所在地である「白老」に立脚する一方で、「北方文化」のなかに自らを位置付けていくことを意図していたのである。もっとも、これ以降も博物館機能と観光業を両輪として、白老のアイヌ文化を発信し続けてきた。

一九七五（昭和五〇）年には文化財保護法が改正され、有形と無形の民俗文化財が登録されるようになった。民俗文化財とは、「我が国民の生活の推移の理解のため欠くことのできないもの（傍線筆者）」のことである。この法律に基づいて、「アイヌ独自の信仰に根ざしている」ことなどにより、一九八四（昭和五九）年に平取や旭川などの他地域の保存会とともに、白老民族芸能保存会が「保存」する

（24）『二十年のあゆみ』二九頁。

アイヌ古式舞踊が重要無形民俗文化財に指定された。

こうした時代背景の中、社会教育施設の拡充や学術機能の充実のため、一九八四年に地元のアイヌの人たちが中心となり、「アイヌ民族博物館」を開設する。このときの博物館建設の目的における骨子は「このアイヌ民族資料館は、これまでに類のないアイヌ民族文化だけを専門に展示・保存し、さらに調査研究、教育普及事業などを総合的に行う民族博物館として、白老町民はもとより広域の人々の利益に資する社会教育施設となること[25]」であった。この時期に財団法人が収集した資料の性質などからしても、白老という一地域の施設から、アイヌ文化全般を主題とする博物館へと発展的に変化していこうとした時代といえるだろう。

こうした動きは、「アイヌ民族に対する認識が深まるにつれて、人々の関心と興味は単なる好奇心を越え、より正確な学術的な知識を求める方向に変化しつつある[26]」という認識と関係していた。その一方で、「アイヌ民族の文化を自らの手で伝承・保存し、一般に公開して、アイヌ民族とその文化を正しく理解させる[27]」という発足以来の目的は、アイヌの人たちを中心とした多くの人たちによってその後も継承されていくことになる。

そして、一九九〇（平成二）年には、「アイヌ民族博物館」が法人の中核となり、博物館の活動対象が白老だけではなく「アイヌ文化全般に及ぶ」ようになったことなどから、組織名称も財団法人アイヌ民族博物館に変更する。

(25)『二十年のあゆみ』三八頁。
(26)『二十年のあゆみ』三四頁。
(27) 同上。

写真4　アイヌ民族博物館開館式典（（公財）アイヌ民族文化財団提供）

一方で、白老観光はさらなる旅行客数の増加をみる。当時は木彫り熊も「彫れば売れる」という時代であった。最盛期の一九九一（平成三）年には、「アイヌ民族博物館」の年間入館者数は八七万人を記録する。この当時は、「アイヌ民族博物館」に隣接した土産物店が入った商業施設のみならず、近隣の道路沿いにも多くの土産物屋が立ち並んだ。

世界の中で

この時代、日本国内や世界の先住民族をめぐる情勢は、どうだったのだろうか。一九八二（昭和五七）年から国連の人権小委員会に先住民に関する作業グループが設置され、一九九三（平成五）年には「先住民族の権利に関する国際連合宣言」の草案を決議している。

さらに、国連総会では同年を「世界の先住民の国際年」と宣言し、次いで一九九五（平成七）年からの一〇年間を「世界の先住民の国際の一〇年」と指定した。なお、北海道ウタリ協会理事長野村義一（当時）が国連総会で「世界の先住民の国際年」の記念演説を行っている。そして、二〇〇五（平成一七）年からは「第二次世界の先住民の国際の一〇年」が始まり、二〇〇七（平成一九）年には「先住民族の権利に関する国際連合宣言」が国連総会で採択される。

こうした動きを受けて、白老では一九九四（平成六）年に、世界の一〇民族と一個人を招待して「先住民国際フェスティバル」が開催された。
もっとも、これ以前から「アイヌ民族博物館」は国際交流を行っており、特に博物館が開館した一九八四年頃を境により積極的に行うようになる。

この時期の主だった交流事業は以下の通りである。

一九八四年　「北欧視察及び北方少数民族交流親善」（フィンランド・サーミ博物館との姉妹博物館提携）
一九八七年　「ソビエト連邦極東少数民族展　サハリンアイヌを中心として」開催
一九八七―八九年　「北海道アイヌ展」開催（ソビエト連邦・ユジノサハリンスク市、ハバロフスク市）
一九八八年　北欧二カ国アイヌ民族文化展・同伝統芸能公演（フィンランド・スウェーデン）
一九八九年「北方民族国際フェスティバル」開催
一九九三年　ロシア・サハリン州郷土博物館、ノグリキ町博物館と「博物館交流に関する覚書」取り交わし
一九九四年　「'94先住民国際フェスティバル」開催

一九八四（昭和五九）年の「北欧視察及び北方少数民族交流親善」は、白老民族文化伝承保存財団の関係者だけではなく、井口光雄北海道フィンランド協会専務理事を団長に、北海道ウタリ協会の関係者や北海道フィンランド協会の会員も伴い、総勢一五名での訪問であった。また、このときに取り交わされたサーミ博物館との姉妹博物館提携の調印式は、フィンランド、ラップランド県イナリにあるサーミ・ラジオ放送局(28)において行われ、このときの様子はサーミ語で放送されたという。

この時期の国内の主な出来事として、一九九四（平成六）年に萱野茂がアイヌ民族として初めて国会議員に選出される。一九九七（平成九）年にはアイヌ文化の振興や普及啓発を明記した「アイヌ文化振興法」が制定された。これにより、一八九九（明治三二）年に制定された「北海道旧土人保護法」は、およそ一世紀後にようやく廃止されることとなった。

二〇〇八（平成二〇）年には前年の国連での宣言を受けて、国会の衆参両院において「アイヌ民族を先住民族とすることを求める決議」が全会一致をもって可

(28)『二十年のあゆみ』一二七頁。

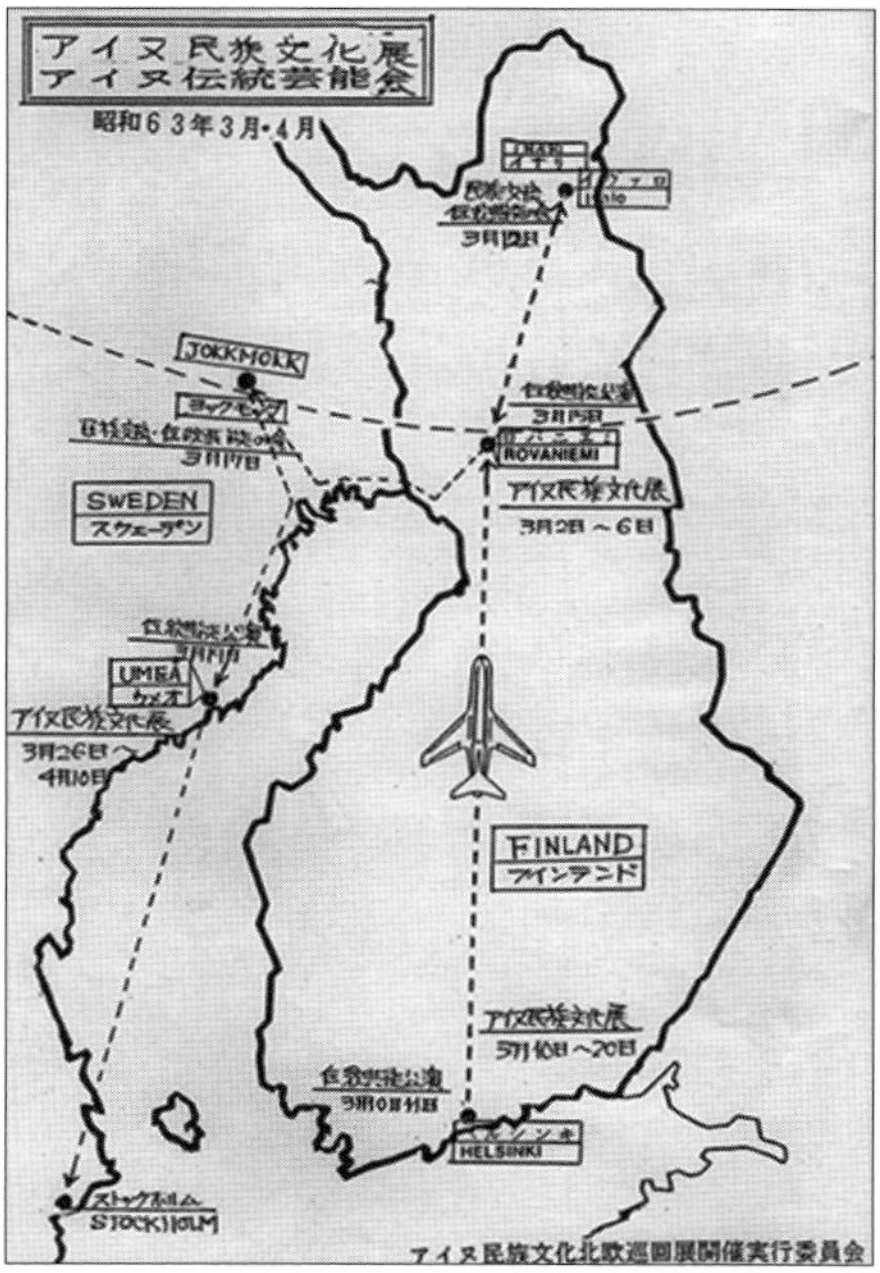

図1　北欧旅程図（（公財）アイヌ民族文化財団提供）

決される。この決議から一一年経った二〇一九（令和元）年に、初めてアイヌ民族を先住民族と規定した「アイヌ施策推進法」が制定された。

「アイヌ民族博物館」の近年

一九九一（平成三）年に入館者数のピークを迎えたアイヌ民族博物館は、その後、観光ブームの沈静化や施設の老朽化、そして不況などによって入館者数は減少していく。この間、入場料金の改定を行いながらも、運営費の多くは入場料収入に頼っていた。古式舞踊の公演を行っていたことなどもあり、職員数は常時五〇名近くにのぼった。近年の入場者数は二〇万人前後で落ち着いており、各種の助成金や補助金なども得ながら運営を行っていた。

近年のアイヌ民族博物館では、他地域の関連する博物館等との交流・連携や地域内連携などを模索し、二〇一三（平成二五）年からは「ルイカ　プロジェクト」（ルイカはアイヌ語で「橋」の意）と銘打ったプロジェクトを開始した。同プロジェクトはさまざまな地域出身の若手職員が主体となり、アイヌ文化のイメージをふくらませ、多様な地域、文化とつながることを目的としていた。

主な実績としては、国内では三重県の松浦武四郎記念館との姉妹博物館提携（二〇一五年）や江差追分会館との提携（二〇一七年）、国外では台湾原住民文化園区との提携（二〇一六年）などをあげることができる。こうした連携によって、地域や文化の枠組みを越えた相互交流や事業の連携を積極的に行ってきたのである。

地域のなかでどのように根付いていけるかということも模索してきた。同じ白老町に所在する飛生《とびう》アートコミュニティーとは、芸術とアイヌ文化という枠組みを越えて、博物館の企画展に協力してもらう一方で、飛生アートコミュニティーが開催している飛生芸術祭にも協力してきた。

白老町内の小中高校に対しては、「ふるさと学習」として、職員が出向き授業を行ったり、博物館にも足を運んでもらい見学や各種のワークショップを行ったりしてきた。

また、アイヌ文化の伝承者としての人材を育成するプログラムを、二〇〇八年から二〇一九年まで白老で行ってきた。受講生は一期三年間のなかで衣食住や工芸、儀礼、言語などの講義や実習を受講してきた。現在、同プログラムは平取町二風谷で実施されている。修了生のなかにはウポポイの職員になった者もおり、アイヌ文化の伝承者としての活躍の場は広がっている。

おわりに

「アイヌ民族博物館」は、ウポポイの建設準備に伴い二〇一八年三月三一日をもって五三年間の歴史に幕を下ろした。そして二〇二〇年七月一二日にウポポイは開業した。「アイヌ民族博物館」は、「アイヌ文化全般に及ぶ」取り組みをしてきた一方で、白老という地域的な性格も依然として強く残していた。そうした博物館から、「アイヌ文化の扇の要」として提言され、「アイヌ文化の歴史・文化を学び伝えるナショナルセンター」という位置付けを持つウポポイとなった。しかし、こうした組織的な変化にあっても、土地の歴史は続いているし、これからも続いていく。したがって、土地の歴史を振り返ることによって、こうした組織の変化によって何が変わり、何が変わっていないのかを検証することも可能であろう。

ウポポイが二〇二〇年に開業したのは「オリンピック・パラリンピックに向けて整備する」[29]とされたが故である。国際的なイベントとしては、「東京２０２０」（コロナ禍により二〇二一年開催）に続き、大阪・関西万博が二〇二五（令和七）年に控えている。そして本稿を執筆している二〇二二（令和四）年現在、二〇三〇（令和一二）年の冬季オリンピック・パラリンピックには、札幌市が招致を表明している。こうした時代の流れは、一九六四年の東京オリンピック・パラリンピックに続き、一九七〇年の大阪万博、そして一九七二（昭和四七）年の札幌オリンピックへと続いたことを思い起こさせる。したがって、そうした時代背景を比較しながら見直してみることもできるだろう。

ウポポイに対して寄せられている意見などを見ていくと、観光や見せ物的なものへの懐疑と、「本物」を見たいという訪れる者の心証が浮かび上がってくる。

（29）内閣官房アイヌ総合政策室アイヌ政策推進会議「アイヌ政策推進会議（第六回）議事概要」https://www.kantei.go.jp/jp/singi/ainusuishin/dai5/gijigaiyou.pdf（閲覧日　二〇二二年六月一六日）

さらに、ＳＮＳでの発信を中心としたウポポイへの誹謗中傷やアイヌ民族に対する差別発言などが、開業直後からその後も何度も報道されるほど起こった。ウポポイやアイヌ民族に対するこうした発言の数々は、ポロトコタン開業、あるいはさらに遡って白老の〈アイヌコタン〉に寄せられた意見と比較しながら検証される必要もあるだろう。

本稿ではこうした問題意識に基づきポロトに焦点をあて、その歴史について振り返ってみたものである。繰り返しになるが、半世紀以上の時を経て様々な変化に晒されながらもなお、アイヌ文化をみせる、伝える土地としてポロトはあり続けている。

写真5　ウポポイ開業式典の様子

第二章　民族共生象徴空間における国立アイヌ民族博物館の設立経緯について
――特に博物館の建築を中心として

内田祐一

はじめに

アイヌ民族に関わる施策は、一九六一（昭和三六）年から国の支援のもと北海道が主体となって福祉対策を中心に行われ、その後、教育・文化の振興なども含め、総合的に推進されてきた。その状況が一九九〇年代になると国内外の情勢の動きとともに変化を見せ始める。

一九九〇（平成二）年に国連総会において、一九九三（平成五）年を「世界の先住民族の国際年」と宣言。[1]一九九四（平成六）年には、萱野茂がアイヌ民族としてはじめて国会議員となり、いわゆるアイヌ新法の成立に尽力する。一九九五（平成七）年三月には、内閣官房長官の私的懇談会である「ウタリ対策のあり方に関

（1）その後、一九九五年―二〇〇四年を「世界の先住民の国際の一〇年」、二〇〇五年―二〇一四年を「第二次世界の先住民の国際の一〇年」に指定している。

する有識者懇談会」が設置され、翌年四月に懇談会によって「報告書」が提出された。この報告書の中では、「ウタリ対策の新たな展開の基本理念」について「今日存立の危機にあるアイヌ語やアイヌ伝統文化の保存振興及びアイヌの人々に対する理解の促進を通じ、アイヌの人々の民族的な誇りが尊重される社会の実現と国民文化の一層の発展に資すること」とし、新しい施策として①アイヌに関する総合的かつ実践的な研究の推進、②アイヌ語をも含むアイヌ文化の振興、③伝統的生活空間の再生、④理解の促進の四つの柱を提言した。(2)

一九九七（平成九）年五月、「アイヌ文化の振興並びにアイヌの伝統等に関する知識の普及及び啓発に関する法律」（アイヌ文化振興法）が公布され、この法律の成立に伴い、「北海道旧土人保護法」並びに「旭川市旧土人保護地処分法」が廃止された。そして、同年、現在の「公益財団法人アイヌ民族文化財団」の前身である「財団法人アイヌ文化振興・研究推進機構」が設立されるとともに、この法律に基づいて同財団がアイヌ文化の振興やアイヌ語の普及などアイヌ文化振興関連施策の一端を担っていくことになった。

その後、一〇年が経過した二〇〇七（平成一九）年九月には、国連総会において「先住民族の権利に関する国際連合宣言」採択があり、これを受けて翌年六月、衆参両院において全会一致で「アイヌ民族を先住民族とすることを求める決議」が採択された。このような動きの中で、これまでのアイヌ施策をさらに推進する

(2) このなかで研究においては「アイヌに関する総合的かつ実践的な研究体制の整備を図るため、国家的観点に立って拠点となる研究組織を北海道内に設置することが求められる。このため北海道内において、調査研究の主体となるとともに、共同研究の推進、研究者の育成、資料の収集保存等を行うアイヌ研究推進センター（仮称）の設置を図ることが必要である」としているが、北海道はこれに先立ち、一九九四年に「北海道立アイヌ民族文化研究センター」を設立している。

ため、二〇〇八（平成二〇）年七月に内閣官房長官の要請により「アイヌの歴史や先住民族としての意義、アイヌ政策の新たな理念及び具体的政策のあり方」について検討を行うための新たな有識者懇談会として「アイヌ政策のあり方に関する有識者懇談会」（以下「有識者懇談会」）が設置され、翌年七月には『報告書』（以下「懇談会報告書」）が提出された。そして、このなかで、「民族共生の象徴となる空間の整備」の提言がなされた。現在、北海道白老郡白老町のポロト湖畔で活動する「ウポポイ」は、これを起点に整備されることになる。

本稿では、このウポポイを構成する国立アイヌ民族博物館の設立経緯と建築について、民族共生象徴空間全体の動きを俯瞰しつつ、博物館の構想や計画の検討状況やその内容について紹介していきたい。

「民族共生の象徴となる空間」の整備

・「民族共生の象徴となる空間」の基本的な機能と設置地域の検討

懇談会報告書では、アイヌ民族が先住民族であるということを前提とした政策が提言され、政策展開の基本的な理念として、アイヌのアイデンティティの尊重、多様な文化と民族の共生の尊重、国が主体となった政策の全国的実施の三柱を揚げている。そして、その具体的な政策として①国民の理解の促進、②広義の文化に係る政策の推進、③推進体制等の整備の三点を示し、特に②広義の文化に係る政策のなかで「民族共生の象徴となる空間の整備」をあげている。このなかで「民族共生の象徴となる空間」とは、「これらの施設（「アイヌの歴史や文化等に関する教育・研究・展示等の施設」、「伝統的工芸技術等の担い手の育成等を行う場」、「大学等で保管されているアイヌの人骨等について、尊厳ある慰霊が可能となるような慰霊施設等」を指す。―筆者注）を山、海、川などと一体となった豊かな自然環境で囲み、国民が広く集い、アイヌ文化の立体的な理解や体験・交流等を促進する民族共生の象徴となるような空間を公園等として整備」するもので、「本報告書のコンセプト全体を体現する扇の要となるものであり、我が国が、将来へ向けて、先住民族の尊厳を尊重し差別のない多様で豊かな文化を持つ活力ある社会を築いていくための象徴」としている。

このように、この懇談会報告書において「民族共生の象徴となる空間」が提言され、整備へと進むことになる。

さらにこの懇談会報告書では、「国が主体となって総合的に政策を推進するとともに、アイヌの人々の意見等を政策に反映する体制や仕組みを構築する必要」を指摘している。これを受けてアイヌ政策を推進し、施策の実施状況等をモニタリングしていく協議の場として、二〇〇九（平成二一）年一二月に内閣官房長官を座長とする「アイヌ政策推進会議」の開催が決定した。[3]さらに翌二〇一〇（平成二二）年三月には、この会議の下に「民族共生の象徴となる空間」作業部会と「北

（3）アイヌ政策推進会議の第一回開催は二〇一〇年一月。

海道外アイヌの生活実態調査」作業部会が設置された。この両作業部会の設置によって、具体的な検討が開始されることになる。

この「民族共生の象徴となる空間」作業部会では、象徴空間の意義や「真に必要な」具体機能等の在り方について検討が行われ、二〇一一（平成二三）年六月に「『民族共生の象徴となる空間』作業部会報告書（以下「作業部会報告書」）」としてアイヌ政策推進会議に報告された。

この作業部会報告書において、象徴空間は、アイヌの人々が主体的に、誇りを持って文化伝承活動を行い、伝統を基礎とした新たな文化を創造するための心のよりどころとなる空間であり、多様で豊かな文化を享有できる空間であり、異なる民族の共生、文化の多様性の尊重等の理念を実現する空間であるとし、「極めて重要な複合的意義」を有する空間という認識のもとに具体的な整備を進めることを求めている。さらに役割として、文化実践・伝承活動、人材育成、新しい文化の創造を担う「広義のアイヌ文化復興の拠点」、総合的・一体的にアイヌの歴史、文化等に関する理解や体験、情報発信を担う「アイヌの歴史、文化等に関する国民の理解の促進の拠点」、将来に向けてアイヌ、非アイヌが協力して課題を解決していく象徴としての機能と国内外の人々との交流を担う「将来の発展に向けた連携・協働の拠点」が示された。具体的には教育、研究、展示等を行うアイヌ文化復興等に関するナショナルセンターとなるような中核的な文化施設、それにアイヌ文化の実践・伝承活動や体験・交流活動が展開できるような自然体験型の野外ミュージアムを中心とした空間の整備を提言している。

また、それらの施設においては、アイヌの歴史や文化を展示し、調査・研究を行い、伝承者などの人材育成を行う「展示等機能」、アイヌ文化の理解促進のため、文化の実践・伝承活動や体験学習などが行える「体験・交流機能」、周辺の自然を活用した「文化施設周辺の公園機能」、アイヌの精神文化を理解・尊重し、大学等に保管されているアイヌの遺骨について尊厳ある慰霊を行う「アイヌの精神文化を尊重する機能」を有することを提言した。

博物館については、「アイヌの歴史、文化等を総合的・一体的に紹介し、理解の増進を図るとともに、各地域の博物館等のネットワークの拠点となる文化施設」にすることを求め、展示では文化の多様性や周辺の民族との関係、自然観、精神文化などを取り入れた内容にするとし、また、扱う文化財については、国内の博物館とネットワークを形成し、そのなかで各施設に収蔵されている資料を活用することを提案している。

このほか、未解明な分野についての実践的な調査研究をはじめ、研究者間の交流推進、研究成果の還元、それに大学等の教育研究機関等との連携・協力などによる人材育成についての拠点とすることも求めた。

また、この作業部会報告書では、ウポポイの骨格となる基本的なコンセプトが提言され、設置候補地として対象となっていた札幌市、旭川市、釧路市、帯広市、苫小牧市、白老町、平取町、新ひだか町のなかから、自然的、地理的条件、人材や施設等の状況、地元関係機関等との連携など多項目の要件について検討し、白老町を選定している。

さらに、同年八月には懇談会報告書で示された政策のフォローアップや上記の両作業部会から示された内容の実現のため、アイヌ政策推進会議の下に「政策推進作業部会」が置かれることになった。

・象徴空間のイメージ検討

前述の作業部会報告書をもとに、象徴空間の具体化を進めるため、有識者による「民族共生の象徴となる空間のイメージの構築に向けた検討会」（以下「イメージ構築検討会」）が設置され、象徴空間全体のイメージの構築について検討が行われた。このなかで空間内に博物館を中心として展示、調査研究、人材育成を行う「博物館ゾーン」、来訪者に豊かな自然を体感させる「中央広場ゾーン」、伝統的コタンを再現し、伝承活動や体験交流活動を行う「体験・交流ゾーン」の三つのゾーンを設定することが検討された。なお、このイメージは、二〇一二（平成二四）年に「『民族共生の象徴となる空間』構想について」というリーフレットにまとめられている。

二〇一一年七月には、内閣官房を中心に文部科学省、国土交通省ほか関係省庁から構成し、内閣官房長官を座長とする「アイヌ政策関係省庁連絡会議」が発足した。(4) この会議では、作業部会報告書の内容などをもとに象徴空間の意義、役割、機能などについて具体的な検討を進め、二〇一二年七月に「『民族共生の象徴となる空間』基本構想」を定めた。

この基本構想において、象徴空間は「アイヌ文化復興等に関するナショナルセンター」として位置付けられ、アイヌの歴史、文化等に関する幅広い理解の促進と文化の継承、新たなアイヌ文化の創造と発展に繋げていくための拠点として、博物館、伝統的家屋群、現代的工房などの施設を整備し、「アイヌの人々の心のよりどころ」となり、「互いに尊重し共生する社会のシンボル」とすることとした。

具体的には「展示・調査研究機能」、「文化伝承・人材育成機能」、「体験交流機能」、「情報発信機能」、「公園機能」、「精神文化尊重機能」の六つの機能を有する施設とすることが取りまとめられ、合わせて象徴空間を白老町、特にポロト湖畔を中心に整備することが記載された。また、象徴空間の範囲については、ポロト湖畔を博物館、公園で構成される「中核区域」とし、その周辺の自然環境地区や歴史施設地区、遺骨関連地区などで構成される空間を「関連区域」と位置付けた。さらに、中核区域については、イメージ構築検討会で提案された三つのゾーニングが設定された。

（4）アイヌ政策関係省庁連絡会議の期間は、二〇一一年七月～二〇一六年七月。

博物館に関する内容ついては、作業部会報告書の内容を踏襲しつつ、具体的内容は文化庁が設置した「『民族共生の象徴となる空間』における博物館の整備・運営に関する調査検討委員会」において検討するものとした。なお、後述するが、この基本構想については、象徴空間の公開時期の確定や施設名称の決定、博物館、公園の基本計画策定などを受け、二〇一六（平成二八）年に改定されている。

・博物館の基本構想策定

文化庁では二〇一二年三月に「『民族共生の象徴となる空間』における博物館の整備・運営に関する調査検討委員会」を設置し、博物館の検討をスタートさせていたが、象徴空間の基本構想を受けてその内容を踏まえ「展示・調査研究機能」を主として担う施設としての博物館の検討を進めていくことになった。この委員会はアイヌ民族や研究者、有識者等のべ一七名で構成され、翌二〇一三（平成二五）年八月には「『民族共生の象徴となる空間』における博物館の基本構想」を策定した。

博物館はアイヌ文化の振興に関するナショナルセンターの中核機能の役割を求められていたことから、基本構想を策定するにあたり博物館の業務となる展示や人材育成、調査研究、ネットワークなどの目指す方向性について検討され、構想の中で博物館の理念と目的について次のように整理された。

〈理念〉

この博物館は、先住民族であるアイヌの尊厳を尊重し、国内外にアイヌの歴史・文化等に関する正しい認識と理解を促進するとともに、新たなアイヌ文化の創造及び発展に寄与する。


〈目的〉
1. アイヌの歴史・文化・精神世界等に関する正しい知識を提供し、理解を促進する博物館
2. アイヌの歴史・文化に関する十分な知識を持つ次世代の博物館専門家を育成する博物館
3. アイヌの歴史・文化に関する調査と研究を行う博物館
4. アイヌの歴史・文化等を展示する博物館等をつなぐ情報ネットワーク拠点となる博物館

このような目的の達成のためには、あらゆる人々がアプローチしやすい博物館環境をつくり、常に先進的な取り組みを行うことも提言された。

国立のアイヌ文化博物館が担う業務としては、通常の博物館における基本的な

業務である展示、教育・普及、調査・研究、資料の収集・保存・管理のほか、博物館人材育成、それに博物館ネットワークの構築が位置付けられた。

展示については国内外からの見学者に対し、先住民族としてのアイヌ民族の歴史や文化等を総合的、一体的に紹介し、また、学問の進展や社会的要請などを迅速に反映させるため、可変性をもった展示方法とすることが求められた。

教育・普及では国内外からの見学者向けのプログラムや学校教育との連携、ボランティアの活用などが提言され、博物館業務の核となる調査・研究については、アイヌの歴史や文化のあらゆるテーマについて、大学や外部研究組織との連携協力体制を構築しながら進める「アイヌの歴史・文化基礎研究」と博物館の展示や資料収集などの応用研究である「博物館機能強化のための研究」の二つの役割が示された。

収集・保存・管理については、アイヌ文化関連の古い資料から現代作家の工芸作品に至るまで、不断に続けなければならない重要な活動とし、「ナショナルセンター」の中核をなす施設であることから、収集だけでなく情報化や保存、修復についても機能する必要があるとされた。

博物館人材育成、それに博物館ネットワークについては、博物館の特徴ともいえる業務と位置付けられ、高度な博物館機能を維持し、向上させるために博物館を支える専門家集団の育成やインターンシップの導入などが提案された。

博物館ネットワークは、国内外の博物館・研究機関が発信する情報の結合点という役割や集積した情報の発信・提供の役割などを果たすため、ネットワークシステムを構築することが必要とされている。

さらに博物館業務全体を通してアイヌの人たちとの連携協力の促進を図る方向性を持つことから、さまざまな業務にアイヌの人たちが積極的に参画できる体制を構築するよう提言している。（次頁）

文化庁は、この基本構想を受けて、続けて同委員会において博物館の基本計画策定に向けた検討を進めることとした。策定にあたり、二〇一三年一一月、同委員会の下に「展示・調査研究専門部会」（一三名）、「施設整備専門部会」（一一名）、「組織運営専門部会」（一〇名）の三つの部会を設置し、具体的な検討を行うこととなった（委員の人数は、報告書提出時のもの）。

・「民族共生の象徴となる空間」基本方針の閣議決定

基本構想が策定された二〇一三年九月、アイヌ政策関係省庁連絡会議で検討された「象徴空間の整備に向けたロードマップ」がアイヌ政策推進会議で了承された。このなかで空間の管理運営や文化伝承、体験交流活動の内容検討をはじめ、博物館や公園の公開までのプランニング、遺骨についての検討などが年次によって記され、象徴空間の一般公開については二〇二〇（令和二）年度を目標とする

1．博物館の理念

『先住民族であるアイヌの尊厳を尊重し、国内外にアイヌの歴史・文化等に関する正しい認識と理解を促進するとともに、新たなアイヌ文化の創造及び発展に寄与する。』

2．博物館の目的

◎アイヌの歴史・文化・精神世界等に関する正しい知識を提供し、理解を促進する博物館

◎アイヌの歴史・文化に関する十分な知識を持つ次世代の博物館専門家を育成する博物館

◎アイヌの歴史・文化に関する調査と研究を行う博物館

◎アイヌの歴史・文化等を展示する博物館等をつなぐ情報ネットワーク拠点となる博物館

3．博物館の基本的な業務

博物館の目的を果たすため、①展示、②教育・普及、③調査・研究、④博物館人材育成、⑤収集・保存・管理の5つの基本的な業務を行う。

①展示
常設展示・特別展示
巡回展示など

②教育・普及
講義・公演・ワークショップ
学校連携・展示解説など

③調査・研究
アイヌの歴史・文化基礎研究
博物館機能強化のための研究

④博物館人材育成
博物館専門家集団の育成
インターンシップの導入など

⑤収集・保存・管理
実物資料・映像音響資料・
文書史資料・図書など

4．博物館のネットワーク

象徴空間に設置される博物館を中心としたアイヌに関する資料とアイヌ文化等の情報に関するネットワークを構築。

※開館前にネットワークシステムを構築し、できるだけ早い段階で連絡協議会等を設置。

5．博物館の組織・運営

○国が主体的な役割を担うとともに、地方公共団体、民間団体等がそれぞれの役割に応じて連携・協力。

○アイヌの人々が参画できる体制を構築。

○象徴空間内の他の機能との一体的な管理運営を検討。

「民族共生の象徴となる空間」における博物館基本構想の概要

ことが示された。（次頁）

このような動きのなか、翌二〇一四（平成二六）年六月には、「アイヌ文化の復興等を促進するための『民族共生の象徴となる空間』の整備及び管理運営に関する基本方針について」が閣議決定された。このなかで象徴空間は「アイヌ文化の復興等に関するナショナルセンターとして、アイヌの歴史、文化等に関する国民各層の幅広い理解の促進の拠点並びに将来へ向けてアイヌ文化の継承及び新たなアイヌ文化の創造発展につなげるための拠点」と位置付けられた。役割として、「アイヌ文化の復興」と「アイヌの人々の遺骨及びその副葬品の慰霊及び管理」が示され、北海道白老町に整備することとなった。

この空間は「国立のアイヌ文化博物館（仮称）」と「国立の民族共生公園（仮称）」を中核区域とし、その周辺の関連区域、遺骨等の慰霊及び管理のための施設で構成することとし、二〇二〇年のオリンピック・パラリンピック東京大会（以下「オリ・パラ東京大会」）に合わせて一般公開することも明記された。

この閣議決定後の同年八月には、関係する行政機関や団体が象徴空間の具体化に向けた動きに対応するため、意見交換や連絡調整を行う場として、「民族共生の象徴となる空間運営協議会準備会合」が設置された。

なお、関係行政機関、団体等の意見交換や連絡調整の場として、「慰霊施設の整備に関する検討会（RT）」や「中核区域施設整備検討会（RT）」なども設置さ

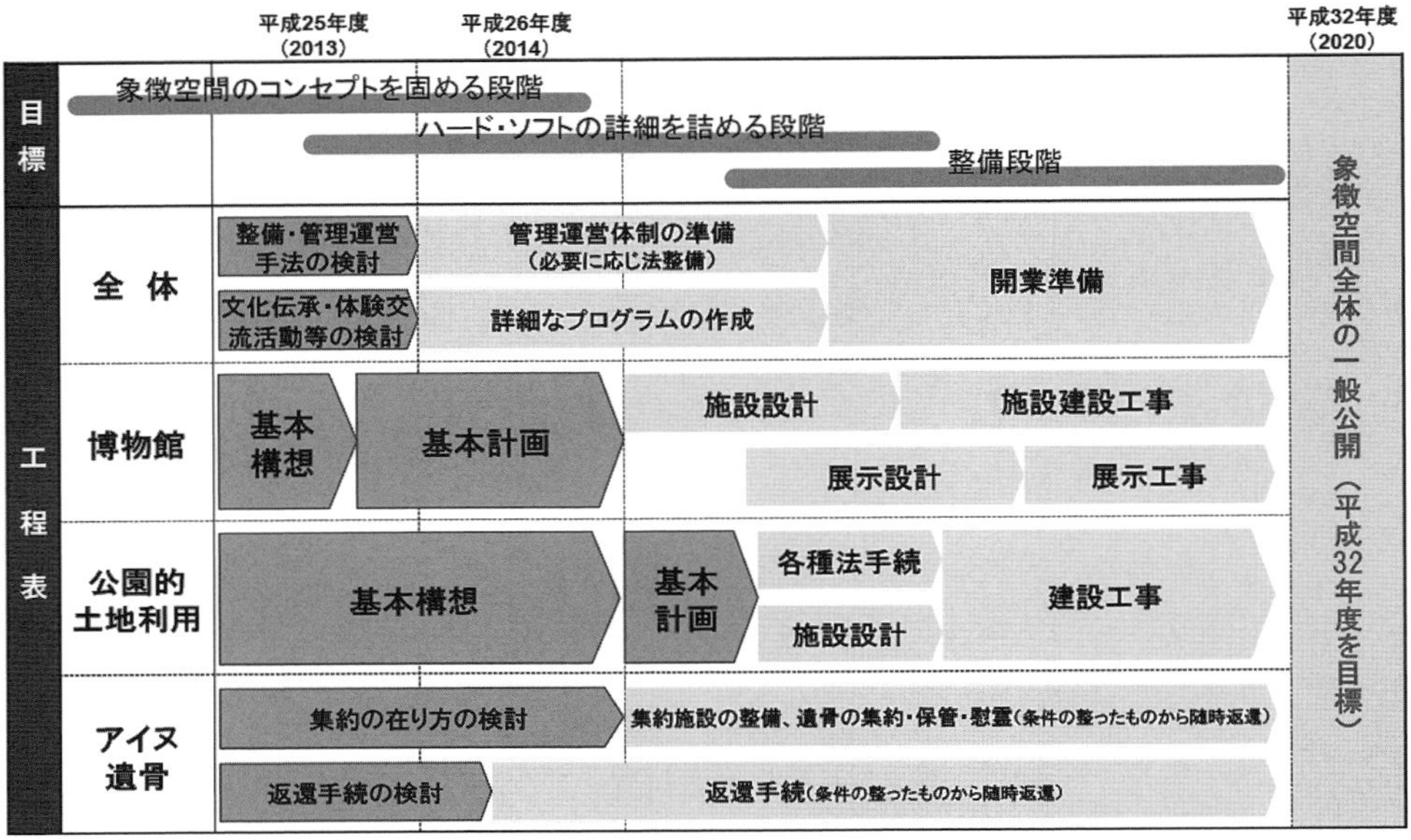

象徴空間の整備に向けたロードマップ（2013）

れている。

・「民族共生の象徴となる空間」における博物館基本計画

民族共生の象徴となる空間のゾーニングや具体的な機能の検討がなされるなか、博物館検討委員会では、基本構想の理念やプランをもとに具体的な検討を進め、二〇一五（平成二七）年三月には「『民族共生の象徴となる空間』における博物館基本計画報告書」を文化庁に提出した。

この報告書において、博物館の基本的な業務については、「展示」、「教育・普及」、「調査・研究」、「資料の収集・保存・管理」、「博物館人材育成」、「博物館ネットワークの構築」の六つを設け、特に博物館の顔となる「展示」については、国内外からの見学者に対して先住民族としてのアイヌ民族の歴史や文化等を総合的、一体的に紹介する内容とし、「ともに考え、ともに育つ、未来へつながる展示交流の実現をめざす」、「歴史と現代の時間の流れを伝える展示をめざす」、「アイヌ文化の伝承者・実践者や道内外の博物館等と連携した展示体制を構築する」、「多様なニーズに対して訴求力のある展示をめざす」、「国際的な視点を持って世界に発信できる展示をめざす」という五つの基本方針が示された。

展示の特色として、アイヌ民族の博物館という視点から、展示ではアイヌ語を積極的に活用するとともに、常設の基本展示は、「ことば」、「世界」、「くらし」、

「歴史」、「しごと」、「交流」の六つのテーマで構成するものとし、それぞれ「私たちの」という切り口で、アイヌの視点から文化や歴史を語る展示構成とすることとした。また、ネットワークを活かして資料の借用や研究など道内外の博物館等との協力、連携を行っていくものとし、さらに学問の進展や社会的要請などを迅速に反映させるため可変性をもった展示とすることなどが示された。

基本展示のほかには、子供向け展示、シアター、テーマ展示、特別展示について示し、テーマ展示や特別展示については、特定のテーマや多様な事象について展示を行うものとし、さらにアイヌ文化等に直接関連しない展示についても幅広く扱うことが記された。これはアイヌ文化に興味がない、あるいは積極的に触れる機会がない人たちなどに対して、広く来館を促すことでアイヌ文化について触れる機会を提供する意味合いがある。また、子供向け展示については、当初、九州国立博物館の「あじっぱ」のような独立した部屋での展開も検討されていたが、最終的には基本展示室内に配置することとし、現在、「探究展示 テンパテンパ」として具体化されている。

博物館のソフト面の業務については、教育普及計画、調査研究計画、資料の収集・保存・管理計画、人材育成計画、ネットワーク計画、情報受発信・広報計画、運営企画・評価計画について検討され、それぞれ方針や具体的な取り組みが提言された。このなかで、特に人材育成とネットワーク計画はこの博物館にとって重要な事業として位置付けられた。

ネットワークについては、アイヌをはじめ、博物館に関わるステークホルダーが多様な交流やコミュニケーションを図れるよう開かれた博物館とし、さらに歴史や文化に関連するさまざまな情報の結合点の役割を果たすこととした。また、人材育成については、次世代を担うアイヌの若い世代の育成や博物館の専門家の育成、さらにネットワークを通じて国内外の研究や伝承に関わる人材の育成にもつながるような取り組みの推進が求められた。

建築物としてのハード面については、敷地や施設の計画において、地域の気候、地盤、津波や地震、火山噴火などの自然災害といった環境特性を考慮したうえでの建物の設置場所や構造などを検討する必要性が指摘され、また、象徴空間がポロト湖と自然休養林に隣接するため、大規模な施設となることが想定される博物館については、スカイラインなど自然景観に配慮した建物とすることが求められた。さらに、この計画において建物の延床面積を約八〇〇〇平方メートルとし、津波の浸水を想定して被害を最小限に抑える工夫をすることも提案された。（次頁）

この基本計画報告書の提出を受け、文化庁は同年七月、この報告書や象徴空間の基本方針などをもとに建物のハード整備を中心とした「国立のアイヌ文化博物館（仮称）基本計画」を策定し、具体的な建築物の検討へと進むことになった。

このなかで、建物の延床面積を八六〇〇平方メートルとし、ポロト湖と周辺の自

1．博物館の理念

先住民族であるアイヌの尊厳を尊重し、国内外にアイヌの歴史・文化等に関する正しい認識と理解を促進するとともに、新たなアイヌ文化の創造及び発展に寄与する。

2．博物館の目的

◎アイヌの歴史・文化・精神世界等に関する正しい知識を提供し、理解を促進する博物館
◎アイヌの歴史・文化に関する十分な知識を持つ次世代の博物館専門家を育成する博物館
◎アイヌの歴史・文化に関する調査と研究を行う博物館
◎アイヌの歴史・文化等を展示する博物館等をつなぐ情報ネットワーク拠点となる博物館

3．博物館の基本的な業務

博物館の目的を果たすため、①展示、②教育・普及、③調査・研究、④博物館人材育成、⑤収集・保存・管理の5つの基本的な業務を行う。

4．教育普及・調査研究

◆教育普及はアイヌの歴史や文化等の理解促進のために重要な業務として推進。
◆調査研究は博物館の専門家がアイヌ文化の伝承者や実践者と協力し、また他の研究機関と連携しながら推進するとともに、結果は展示等で公開。

5．博物館の組織・運営・人材育成

◆「将来にわたり成長しつづける博物館」をめざす。
・アイヌの人々が参画できる体制を構築。
・象徴空間内の他の機能と一体的な管理運営を検討。
◆継続的に次世代の博物館の専門家を育成し、必要な技能や知識の向上、蓄積を図る。

6．博物館のネットワーク・広報

◆博物館の活動やアイヌの歴史・文化等に関する情報等を発信し、受け取る人々に興味や関心を促し、理解や共感につなげる重要な活動として広報活動を持続的に展開。
◆アイヌの歴史や文化等に関する情報の結合点の役割を果たし、ネットワークによる活動の拡大や交流とコミュニケーションを重視する開かれた博物館をめざす。

7．展示・収集・保存・管理

(1)展示
最新の情報を公開できる可変的な展示とし、ともに考え、ともに育つ、未来へつながる展示、歴史と現代の時間の流れを伝える展示をめざす。

①総合展示室・・・「基本展示室」「子供向け展示室」「シアター」「テーマ展示室」から構成
②特別展示室・・・各種の企画に柔軟に対応することができ、テーマ展示室と一体となった利用が可能

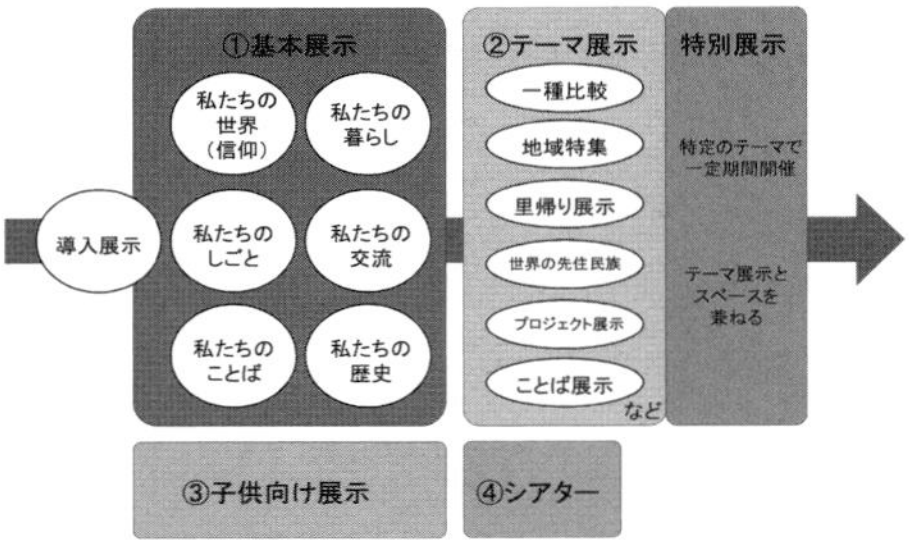

(2)収集・保存・管理
資料は国内外から計画的かつ継続的に収集し、分類・整理し、適切な保存環境で保存する。

「民族共生の象徴となる空間」における博物館基本計画に関する報告書の概要

然景観と調和し、スカイラインに配慮した外観とすることとした。また、展示室や収蔵庫、ライブラリーなど博物館内の諸室についても、その面積と機能などのプランが示された。

展示のメインとなる展示室については、その構造について基本的に内部に柱がなく、基本展示室と特別展示室、テーマ展示室が繋がるような構造とし、天井高は六―七メートルとした。これは現在、展示している樺太アイヌのクマつなぎ杭や将来的に展示の可能性があるトーテムポールなどの高さのある資料の展示を想定したためである。また、年間複数回の展示を行う特別・テーマ展示室については、可動壁で分割することで面積を変更できる仕様とした。

このほか、収蔵庫については将来的に展示資料が増えることを想定し、天井高を上げてメザニン（中二階の床）が設置できるような構造とした。

なお、博物館の顔である展示については、文化庁が二〇一五年六月に「国立のアイヌ文化博物館（仮称）展示検討委員会」とその下に「展示ワーキング会議」を設置し、別に検討を進めることとなった。延べ二〇人の委員で構成されたこの委員会によって、展示の内容について具体的な検討が進められ、二〇一六年四月に『国立のアイヌ文化博物館（仮称）展示計画報告書』が文化庁に提出された。これを受けて同年五月に文化庁によって「国立アイヌ民族博物館展示計画」が策定された。（次頁）この展示計画においては、博物館の基本構想、基本計画を踏ま

1．展示の基本的な考え方

国内外の多様な人々に，アイヌ民族の歴史や文化を正しく学び，正しく理解する機会を提供するために，アイヌの歴史・文化等を総合的・一体的に展示する。

2．展示の対象とする地域，時代など

・アイヌ民族が居住してきた北海道，サハリン（樺太），千島，本州東北地方を中心に，周辺諸地域との関わりの中で醸成されてきたことに留意した展示を行う。
・旧石器時代から現代までを対象とし，周辺の人々との交流を含めた広がりの中で多面的に取り上げる。

3．展示の特色

・最新の情報を公開できるよう可変的な展示形態や展示システム。
・館内の解説パネルやサインには，アイヌ語，日本語，英語のほか必要に応じて多言語に対応。
・ユニバーサルデザインに配慮し，あらゆる人に開かれた展示環境を実現。
・国内外の博物館とのネットワークをいかした展示会などを企画・実施。

4．展示の形態

（1）総合展示
① 基本展示室　（1,250㎡）
・アイヌ文化等の基本的な事象を伝え，「私たちの～」という切り口の6テーマと導入展示及び子供向け展示で構成。
② テーマ展示室　（0～600㎡）
・多様な切り口やテーマを一定期間紹介する展示。
・可動壁により3～4室に分割できるようにし，特別展示との一体的な利用も可能とする。
③ シアター　（150㎡）
・映像や音声でアイヌ文化等の概要を紹介。
・ガイダンス的役割を持ち，小規模な講演会やレセプション等にも対応。
（2）特別展示室　（400～ 1,000㎡）
・特定のテーマや事象について最新の調査・研究の成果等を紹介。
・テーマ展示室と可動壁を活用して統合・分離し，面積を可変とする。

＜基本展示室　導入展示，子供向け展示と６つの展示テーマ＞

導入展示
・民族共生をテーマに，来館者自身が世界の諸民族を考える場とする

私たちの世界（信仰）
・カムイ（神）のくらす世界
・儀礼のあらまし
・さまざまな儀礼
・あの世のとらえ方
・周囲の文化との比較

私たちのくらし
・今に息づく装い
・住まう
　－私たちの祖先がくらした生活空間－
・受け継がれる食文化
・人の一生
・受け継がれる芸能文化

私たちのしごと
・先祖のしごと［江戸時代後期～明治］
・激動の時代のなかで［明治～昭和］
・現代のしごと［平成～］

私たちの交流
・生活圏と海を越える交流【近世】
・人びとをつなぐモノ【近世～近代】
・外から見たアイヌ文化【近世～近代】
・海外の先住民族との交流【近代～現代】

私たちのことば
・アイヌ語の基礎
・アイヌ語の歴史とことばの復興
・アイヌ語地名
・アイヌの口承文芸
・アイヌ文学

私たちの歴史
・イントロダクション：
　私たちの歴史のひろがりとつらなり
・遺跡から見た私たちの歴史
・アイヌとシサム（和人）
・私たちのまわりが大きく動く
・現在に続く，私たちの歩み

子供向け展示
・幼児や小学校低学年を主な対象として，体験型の手法を多用する

5．展示室の環境等

1）天井高・床など：天井高は6～7m程度を確保し，展示更新が容易な環境。
2）照明・外光　：資料に影響を与えない保存環境やメンテナンス性を考慮。
3）空調　：展示資料に影響を与えない最適な温度及び湿度を維持。

国立アイヌ民族博物館展示計画の概要

え、ハード、ソフト両面についてプランが立てられた。なお、博物館の展示については、第三部に詳しいのでここでは割愛したい。

また、この時期、国土交通省北海道開発局によって、『「民族共生の象徴となる空間」における民族共生公園（仮称）基本構想』（二〇一五年三月）と『国立の民族共生公園（仮称）基本計画』（二〇一六年四月）が策定された。このなかで公園の基本理念を「民族共生公園では、自然と共生してきたアイヌ文化を尊重し、国内外から訪れる多様な来園者の理解を促進するとともに、豊かな自然を活用した憩いの場の形成等を通じ、将来へ向けてアイヌ文化の継承及び新たなアイヌ文化の創造発展につなげるための公園的な土地利用の実現を図る」とし、園内の空間構成や施設配置、動線、植栽などの計画が示された。

象徴空間の具体化と博物館の正式名称の決定

二〇一五年九月、アイヌ政策関係省庁連絡会議において、二〇二〇年公開までのロードマップが検討され、同年一〇月のアイヌ政策推進会議で了承された。この推進会議においては、それまでの約五〇万人という来訪者数目標値を一〇〇万人とすることが提案されており、以降この目標達成のため、ウポポイでは広報活動やコンテンツの充実などさまざまな対応を検討、実施している。

象徴空間の具体的な検討や整理については、アイヌ政策推進会議の政策推進作業部会が中心となって進められ、二〇一六年五月に開催されたアイヌ政策推進会議において、作業部会より内容の報告がなされた。そのなかで、多くの関係者、関係機関からの意見をもとに、民族共生の象徴となる空間を「民族共生象徴空間」、博物館を「国立アイヌ民族博物館」、公園を「国立民族共生公園」とすることが示され、同推進会議で了承された。

また、この推進会議において、各施設間の機能連携や分担などを一体的に検討する体制を整備するため、「象徴空間の整備・管理運営に関する一体的な検討体制」の全体会合を設置することも了承された。この会合は推進会議や作業部会の委員や関係機関で構成され、この下に「体験交流・情報発信検討部会」と「多様な参画の確保部会」が置かれた。

また、慰霊施設についても「慰霊施設の整備に関する検討会（RT）」によって中間取りまとめが報告されている。（図1）

・「民族共生象徴空間」基本構想（改定版）の策定

このような具体的な動きが進むことで、二〇一二年に策定した「基本構想」について、「象徴空間における整備、取組等の方向性や更なる検討課題を明らかにすること」で一般公開に向けた準備を進めるため、改訂の必要が出てきた。そこで検討が進められ、二〇一六年七月、アイヌ政策推進強化を図るためにアイヌ政

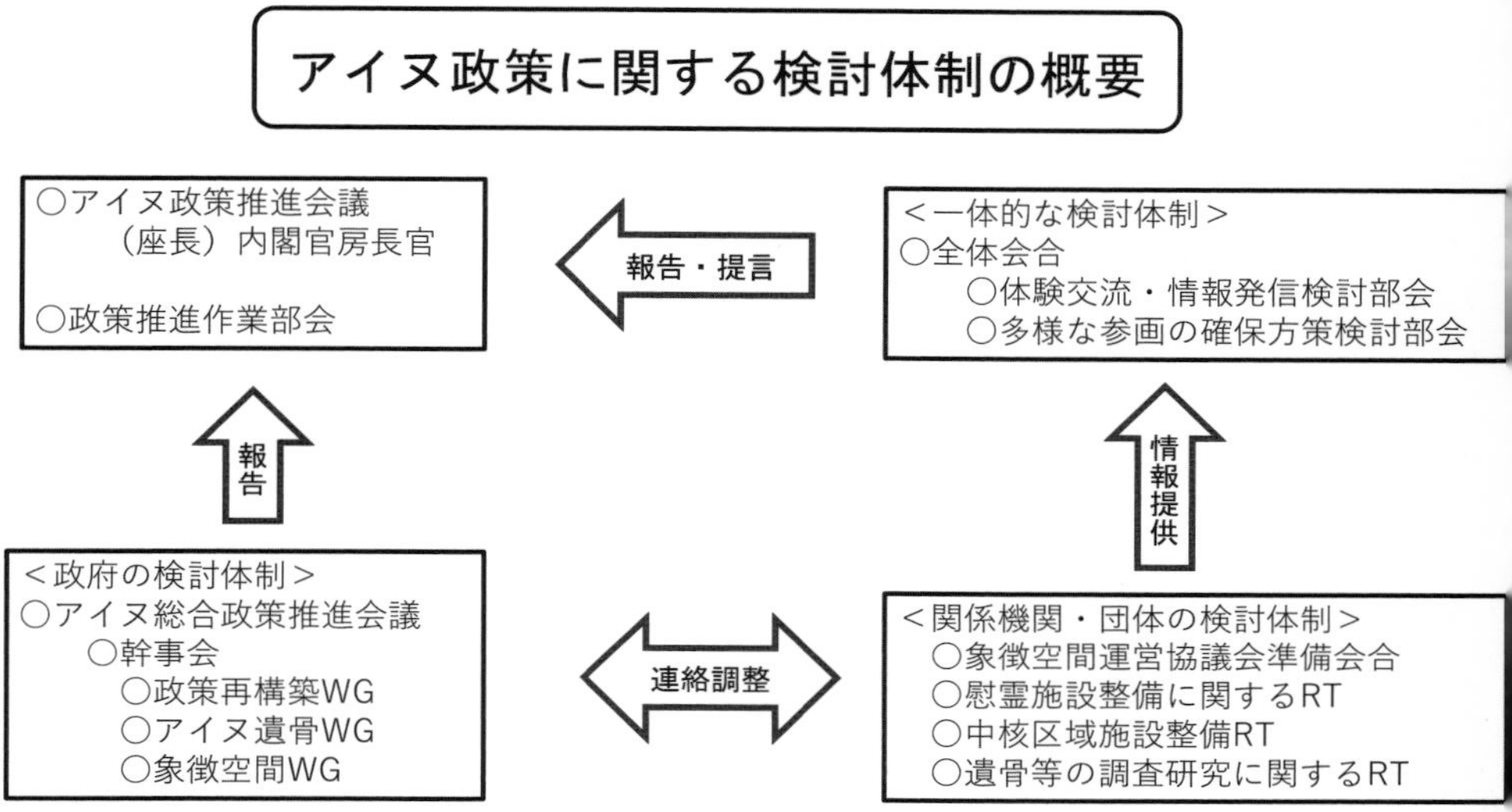

図1　アイヌ政策に関する検討体制の概要
（『民族共生象徴空間整備の進捗状況』白老町アイヌ総合政策課、2019年より）

策関係省庁連絡会議に代わって発足した「アイヌ総合政策推進会議」（内閣官房副長官を議長に、関係府省によって構成）において、同月「『民族共生象徴空間』基本構想（改定版）」が公表された。

この改定版では、主要施設の正式名称をはじめ、一〇〇万人の来場者実現に向けての各施設の機能連携や一体的に検討する体制の整備、中核区域、慰霊施設、関連区域の具体的な整備内容などが盛り込まれた。中核区域の施設配置については、旧基本構想で示された三つのゾーニングから中央に博物館を配置し、公園全体をフィールドミュージアムとし、そこに体験交流施設や伝統的コタン施設などを配置するゾーニングに変更され、これがウポポイの基本的なゾーニングとして現在に至っている。

なお、このアイヌ総合政策推進会議では、幹事会の下に象徴空間ワーキンググループを置き、ここで象徴空間の具体的な検討が進められることとなった。

また、同年五月、北海道開発局営繕部や文化庁などの整備関係担当部署によって、情報共有や連携・調整のため「民族共生象徴空間連携打ち合わせ会議」が発足し、定期的に実務レベルでの会議を開催した。

・「民族共生象徴空間」基本方針の変更と象徴空間の運営主体

基本構想（改定版）が公表され、象徴空間の具体的な整備が進むなかで、二〇一七（平成二九）年五月に開催されたアイヌ政策推進会議において、「象徴空間の一般公開に向けた新ロードマップ」が了承された。（次頁）さらに、同年六月には、象徴空間基本方針について一部変更が閣議決定した。このなかで象徴空間は、国立アイヌ民族博物館、国立民族共生公園を設置する区域を中核とし、遺骨等の慰霊及び管理のための施設については、白老町に整備することとした。また、公開は二〇二〇年のオリ・パラ東京大会に先立ち、四月に一般公開するとし、来場者一〇〇万人を目指すことも明記された。さらに、中核区域の施設を一体的に運営するのは、「アイヌ文化の振興並びにアイヌの伝統等に関する知識の普及及び啓発に関する法律」第七条第一項の規定に基づき指定された法人とすることとした。

二〇一九（平成三一）年、「アイヌの人々の誇りが尊重される社会を実現するための施策の推進に関する法律」（四月公布、五月施行）が成立し、そのなかでアイヌ民族が「日本列島北部周辺、とりわけ北海道の先住民族」であることが示され、アイヌの人々が民族としての誇りを持って生活することができ、その誇りが尊重される社会の実現を図ることが記された。このなかで民族共生象徴空間を構成する施設については国土交通省令・文部科学省令で定めるものとし、この省令（「令和元年文部科学省・国土交通省令第一号」）の第一条によって、国立民族共生公園、国立アイヌ民族博物館、慰霊施設などが定められた。また、象徴空間の運営法人については、第二〇条に基づき、施行の同日付けで「公益財団法人アイヌ民族文化

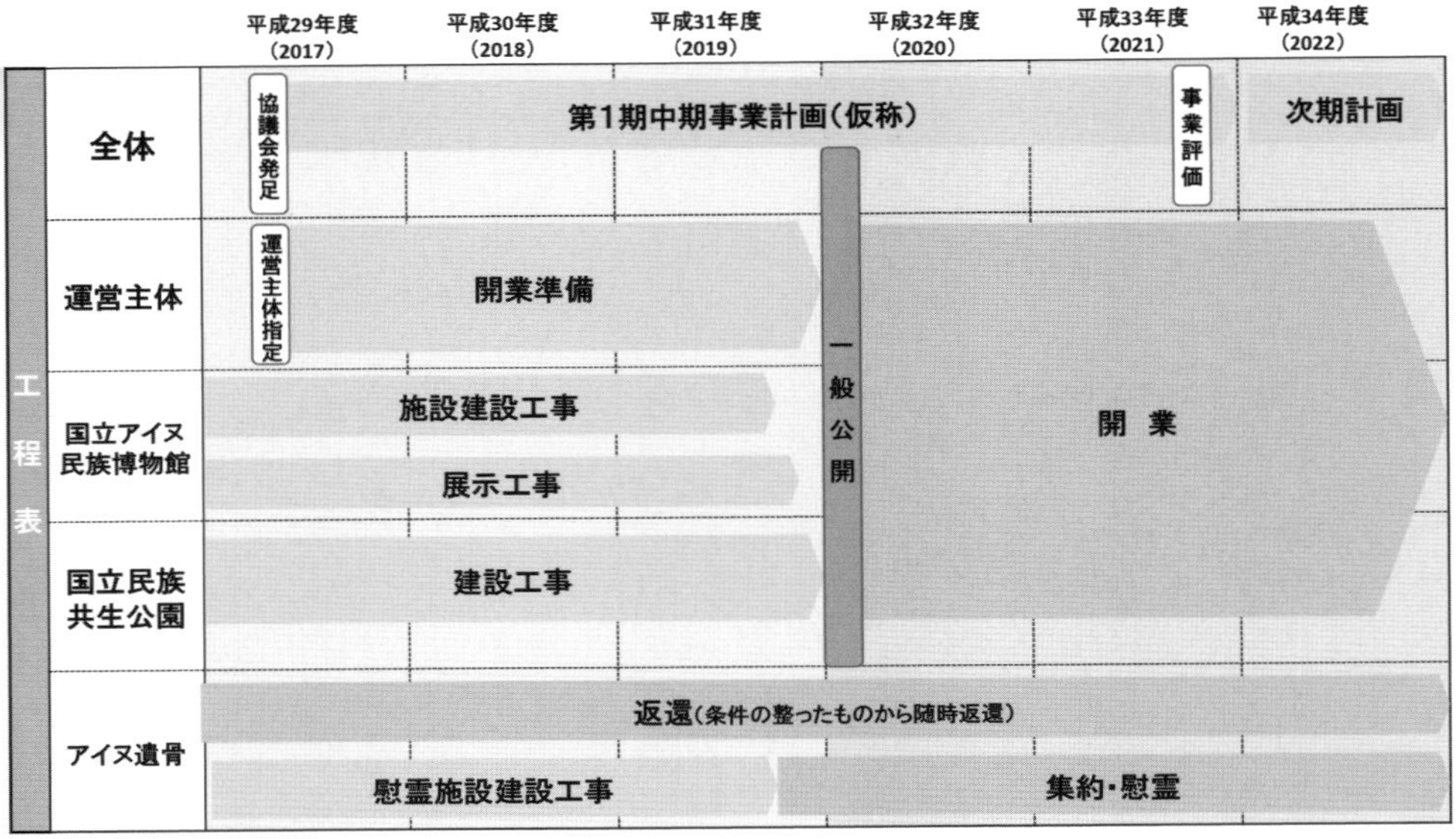

※調整状況に応じて変更もあり得る。
※工事には設計を含む。

象徴空間の一般公開に向けた新ロードマップ（2017年）

財団」を指定法人として指定した。なお、この財団は、二〇一八（平成三〇）年四月に「公益財団法人アイヌ文化振興・研究推進機構」と「一般財団法人アイヌ民族博物館」が合併して発足した組織である。

同年九月、この法律に基づき、「アイヌ施策の総合的かつ効果的な促進を図るための基本方針」が閣議決定された。このなかで民族共生象徴空間については、ウポポイの役割、構成施設とその管理、アイヌ文化の復興等に向けたネットワークの構築などが明記され、一般公開を二〇二〇年四月二四日とし、年間来場者を一〇〇万人とすることが示された。なお、この閣議決定によって、二〇一四年に閣議決定された基本方針は廃止された。

愛称、ＰＲキャラクターなどの公表

基本構想（改定版）のなかには、象徴空間にアイヌ語等の愛称を設定することが示されている。このため、二〇一八年七月に、アイヌの人たちをはじめとする有識者で構成する「愛称等選考委員会」において複数案を決定し、一般投票を実施した。この結果を受けて民族共生象徴空間の愛称がアイヌ語で「（おおぜいで）歌うこと」を意味する「ウポポイ」に決定し、ウポポイと博物館のロゴマークとともに同年一二月の「民族共生象徴空間開業五〇〇日前カウントダウンセレモニー」で公表された。(5) また、ウポポイＰＲキャラクターについては、選考委員会

（5）この記念イベントの前年、二〇一七年七月には「民族共生象徴空間一〇〇〇日前記念カウントダウンセレモニー」が行われている。

の下にワーキンググループを作って検討を行い、翌年八月の「アイヌ文化フェスティバル２０１９」でオオウバユリをモチーフにした「トゥレッポん」が公表された。（図２）

このように二〇二〇年四月二四日のウポポイ開業に向けて準備が進められていたが、新型コロナ感染拡大の影響により延期され、同年七月一二日に開業となり、現在に至っている。

図２　トゥレッポん（公財）アイヌ民族文化財団提供）

・文化庁における準備室の設置

文化庁は、二〇一五年一一月に博物館の設置についての検討や事務を担い、関係機関との連携を図るための組織として、「国立のアイヌ文化博物館（仮称）設立準備室」（室長は文化財部伝統文化課長が兼務）を設置した。この準備室は文化庁本庁と札幌市（北海道大学構内）に置かれ、その後、博物館の正式名称決定により「国立アイヌ民族博物館設立準備室」となった。博物館の建物完成に伴い、札幌の主な機能を白老に移して業務を進め、ウポポイの開業が間近となった二〇二〇年三月で廃止された。

国立アイヌ民族博物館の建設について

・博物館の建設予定地

二〇一二年に定められた「『民族共生の象徴となる空間』基本構想」でのゾーニングでは、博物館ゾーンはポロト湖の西側に配置されていた。また、二〇一五年の「基本計画」では、博物館の建設予定地対象範囲について、現在の伝統的なコタンゾーンを除く象徴空間内を想定した区域を示した。しかし、二〇一一年に発生した東日本大震災のような津波被害への考慮や象徴空間内の地盤調査、景観への配慮など、さまざまな事項について博物館検討委員会や関係省庁などで検討や調整が進められた結果、博物館の建設地については、現在、博物館が建設されている周辺地域に決定し、二〇一五年一一月、文化庁によって国立のアイヌ文化博物館（仮称）建設予定地及び整備予定スケジュールが発表された。

この後、文化庁は土地取得のため所有者である白老町と協議を行い、現在の博物館建設地約一ヘクタールについて、土地売買の契約を締結した。

・博物館の設計

博物館の設計については、二〇一三年以降、文部科学省の文教施設企画部が発注業務を担当していたが、オリ・パラ東京大会の施設整備にともなう負担軽減などのため、二〇一五年一一月に国土交通省官庁営繕部に対応を依頼することとな

写真1　対岸から見た建設途中の博物館

った。これによって博物館の設計については、文化庁が国土交通省北海道開発局に支出委任することで対応することになり、以降、車の両輪として密接な連携を取りながら設計を進めることとなる。

同年一〇月には設計の条件整備や基本設計の具体的な内容など、現場での詳細な検討や調整を図るため、文化庁伝統文化課、国土交通省官庁営繕部計画課、北海道開発局営繕部の担当者による「国立のアイヌ文化博物館（仮称）整備検討会」（博物館の正式名称決定後は「国立アイヌ民族博物館整備検討会」）が発足し、検討を開始した。また、翌月には博物館の整備・調整に関わる重要案件について審議、決定するため、関係省庁によって「国立のアイヌ文化博物館（仮称）の整備に関する連絡調整委員会」（博物館の正式名称決定後は「国立アイヌ民族博物館の整備に関する連絡調整委員会」）が設置された。この委員会において、敷地の確定、基本設計のコンセプトや方針、整備の基本方針などが決定された。

これらの内容をもとに設計業務を行う業者選定に着手し、建物の設計については、二〇一六年三月に株式会社久米設計に、また、展示設計については、同年四月に株式会社丹青社に決定した。

設計にあたり、基本計画の施設整備にある「スカイラインに配慮し、ポロト湖と連続する湖畔の豊かな自然の景観が損なわれないよう配慮し、国立博物館にふさわしい周辺と調和した外観」を基本に具体的な内容の検討を進めるため、二〇一六年二月から文化庁と北海道開発局営繕部との間で打ち合わせを行ってきたが、設計者が決定した後は、設計者を含めて進捗状況や設計・工事区分の調整や検討が進められた。

このような協議や調整の後、建物及び展示の基本設計がまとめられ、連絡調整委員会で審議された後、二〇一七年三月、アイヌ政策推進会議作業部会での審議を経て文化庁によって公表された。

その後、九月に建物及び展示の実施設計が策定された。さらに、これをもとに建築工事と展示工事の業者選定が行われ、建築は株式会社竹中工務店が主体となった竹中・田中特定建設工事共同企業体が、展示工事は株式会社日展が担当することとなり、二〇一八年一月から工事業務が開始された。なお、同年四月からは建築、展示双方の工事関係者によって工事の進捗状況や現場での打ち合わせ等を行う「営繕工事関係者連絡会議」が開催され、ここで現場レベルでの協議が行われた。

・博物館の設計における特徴

博物館の基本設計において、基本構想や基本計画をもとに次の三つを基本方針とし、長辺約一三〇メートル、短辺約四〇メートル、高さ約二〇メートル、延床面積八六〇〇平方メートルの鉄骨鉄筋コンクリート造一部鉄骨造、地上三階の耐震構造の建物とすることとした。

・ポロト湖畔の自然景観等、周辺環境との調和
・アイヌの歴史・文化等に関する正しい認識と理解を促進する展示・研究拠点
・国内外の多様な人々に向けたアイヌの歴史・文化等の発信拠点

〈自然景観や環境調和に関わる特徴について〉

建物の外観は周囲との調和を考慮し、山側からの稜線の勾配を意識して次第に低くなるよう設計され、また、二階は外壁と屋根を一体化することで圧迫感を抑えるとともに、屋根に不規則な傾斜を付けることで周囲環境との調和をもたらすデザインとした。さらに外壁は天然スレートとし、外の軒天には森林認証の材を用いることで、自然景観との調和を考慮した。また、屋根は耐久性のあるチタン亜鉛合金とした。

二階のパノラミックロビーの開口部は、発熱ガラスを使用したガラススクリーンとした。博物館は年間を通じて温湿度に大きな変化が起きない環境にする必要がある。このため冬季間は暖房によって屋内外の温度に差が生じ、窓に結露が発生しやすい。この発熱ガラスによって結露を防ぐことが可能となり、実際、冬季間にこのガラスには結露は発生していない。

また、このガラスは地面方向に傾斜が付けられている。これはポロト湖の景観

を見渡せるようにするのと同時に、ガラスに景色が反射するミラーリングの発生による鳥の衝突防止を防ぐ効果が期待できるためでもある。

〈展示・研究拠点としての特徴について〉

博物館の立地場所は海に近いことから、津波や水害対策として一階の床レベルは周囲より高くするとともに、博物館が収蔵している貴重な文化財を守るために展示室や収蔵庫は二階に配置した。なお、収蔵庫は二重外郭構造とし、天井部分も防水を行っている。さらに、将来的に資料が増えることを想定して天井高を七メートルとし、メザニンによる増床が可能な構造とした。

また、建材やコンクリートから発生する化学物質の放散を低減させる期間としてのからし期間が短いことから、アンモニア発生量の少ないコンクリートの採用や化学吸着フィルターの使用など、室内の空気環境確保を図っている。この点については展示設計においても検討され、例えば、有機酸やアンモニアなどの汚染物質軽減のためにケース内には極力木材を使用せず、調湿ボードや金属などを使用することとした。

〈アイヌ文化の発信拠点としての特徴について〉

アイヌ文化を扱う博物館として、また、基本計画にもある「アイヌの精神世界を尊重した個性と魅力のある」施設とするため、施設内にはアイヌ文様を使ったデザインを多数配置している(6)。

入口には、ゴザ文様をデザインした金属パネルの壁飾りを付け、ドアのガラスには衣服の文様を施した。入口を進んだエントランスホールには、壁面にアイヌ文様の映像をはじめ、受付カウンターや衝突防止マーク、照明サイン、トイレ内の鏡などあちらこちらにアイヌ文様を使っている。さらに屋根には色違いの素材を使うことで国立アイヌ民族博物館のロゴマークを浮かび上がらせている。

また、この博物館は第一言語がアイヌ語であるというコンセプトから、館内のさまざまな名称についてもアイヌ語を使っている。この表記を行うにあたり、既存のアイヌ語では直接表せない名称も多く、アイヌ語でどう表現するのかを検討する必要があった(7)。このため、二〇一七年一二月にアイヌの人たちやアイヌ語研究者による「国立アイヌ民族博物館におけるアイヌ語表示・展示解説検討委員会」が、さらに二〇一八年五月には「国立アイヌ民族博物館におけるアイヌ語表現・新語検討ワーキング会議」が設置され、ここでアイヌ語の検討がなされることとなった。この具体的な内容については第三章・第四章に詳しいので、詳細は割愛したい。

(6) デザインについては、アイヌ文様を専門に活躍しているデザイナーに設計者が依頼したものとなっている。

(7) 例えば、トイレには既存のアイヌ語の「アシンル」などの訳で対応できるが、「国立アイヌ民族博物館」や「特別展示室」というような名称をアイヌ語でどのように表現すべきかということを検討する必要があった。なお、この検討は博物館内だけでなく、ウポポイ内全体を対象としており、二〇二三年現在でも進められている。

・建築工事の開始と地鎮祭の開催

工事は地盤対策から開始され、その後、博物館本体の工事へと進められた。この建築工事に先立ち、二〇一八年一月に博物館の建設予定地において、アイヌ文化における伝統的な儀礼のひとつである「チセコテノミ」が開催された。これは、家を建てる際に行われる儀礼で、いわゆる「地鎮祭」にあたる。この事業は、博物館の建設にあたってあまり行われることのない儀礼を若い世代に伝える、また、その様子を記録して博物館の映像展示に使用するなどの目的で行われた。なお、このときの映像は、現在、基本展示室で視聴することができる。

地盤対策工事、チセコテノミの後、二〇一八年四月から博物館本体の建築工事が始まり、二〇一九年九月に完成した。その後同年一一月に外構、翌年二月にはサインなどほかの工事が終了した。

おわりに

二〇〇九年七月に有識者懇談会報告書で提言された「民族共生の象徴となる空間」は、一一年をかけて現実のものとなった。本稿をまとめているなかで、この施設の完成にはいかに多くの組織や機関、そして個人が関わってきたかを改めて知ることとなった。

この施設の中心にあるのはアイヌ民族であり、その歴史や文化である。そして最大のミッションはアイヌ文化復興等のナショナルセンターとして「アイヌの人々の誇りが尊重される社会を実現する」ことにほかならない。このミッションを遂行するため、今後も多くの人たちが関わり、さまざまな事業が展開されていくことだろう。

ウポポイの開業にあたっては、新型コロナウイルスの世界的パンデミックの影響により延期され、その後も入場制限が行われたり、博物館、公園のプログラムの中止や変更なども余儀なくされるなどした。現在は本来の業務遂行に向け、次第に予定していた活動へとシフトし始めてはいるが、未だにコロナ禍の影響はなくなったわけではない。このため、今後はアフターコロナの社会を見据えたうえでのウポポイの活動について模索する必要もあると考える。

おもな関連報告書等

「ウタリ対策のあり方に関する有識者懇談会報告書」ウタリ対策のあり方に関する有識者懇談会、一九九六年
「アイヌ政策のあり方に関する有識者懇談会報告書」アイヌ政策のあり方に関する有識者懇談会、二〇〇九年
「『民族共生の象徴となる空間』作業部会報告書」アイヌ政策推進会議「民族共生の象徴となる空間」作業部会、二〇一一年
「民族共生の象徴となる空間基本構想」アイヌ政策関係省庁連絡会議、二〇一二年
「『民族共生の象徴となる空間』における博物館の基本構想」「民族共生の象徴となる空間」におけ

写真2　完成間近の博物館

る博物館の整備・運営に関する調査検討委員会、二〇一三年
「『民族共生の象徴となる空間』における博物館基本計画報告書」「民族共生の象徴となる空間」における博物館の整備・運営に関する調査検討委員会、二〇一五年
「国立のアイヌ文化博物館（仮称）基本計画」文化庁、二〇一五年
「『民族共生の象徴となる空間』における民族共生公園（仮称）基本構想」国土交通省北海道開発局、二〇一五年
「国立のアイヌ文化博物館（仮称）展示計画報告書」国立のアイヌ文化博物館（仮称）展示検討委員会、二〇一六年
「国立アイヌ民族博物館展示計画」文化庁、二〇一六年
「民族共生象徴空間基本構想（改定版）」アイヌ総合政策推進会議、二〇一六年
「民族共生象徴空間整備の進捗状況」白老町アイヌ総合政策課、二〇一九年

参考文献（著者五十音順）

内田祐一「『民族共生の象徴となる空間』における博物館の基本構想について」『月刊文化財』二〇一四年一二月号、第一法規、二〇一四年。

内田祐一「民族共生象徴空間『ウポポイ』について」『宗務時報』№１２５、文化庁宗務課、二〇二一年。

佐々木史郎「国立アイヌ民族博物館の設立と果たすべき役割」『国立アイヌ民族博物館研究紀要』第一号、国立アイヌ民族博物館、二〇二二年。

田村将人「国立アイヌ民族博物館展示計画について」『月刊文化財』二〇一六年一〇月号、第一法規、二〇一六年。

「特集　国立アイヌ民族博物館開館――アイヌとともに〝未来〟へ――」『月刊文化財』二〇二〇年四月号、第一法規、二〇二〇年。

column

伝統芸能の復興と伝承——アイデンティティの構築

山道ヒビキ・オンネレㇰ

アイヌの伝統芸能

「アイヌの伝統芸能」や「アイヌ古式舞踊」などと呼ばれてきた芸能は、北海道や樺太南部などに居住してきた先住民族アイヌが、日々の暮らしや自らが執り行う儀礼に付随して受け継いできたものである。

現代では、北海道の八地域で伝承される演目が一九八四（昭和五九）年に国の「重要無形民俗文化財」に指定され[1]、その一〇年後の一九九四（平成六）年にさらに九地域で伝承される演目が追加指定されて、あわせて一七地域に国指定演目の保存会がある。各保存会が伝統芸能の保存・継承の役割を担い、各地域で披露することにより、多くの人々に親しまれるようになった。

その後、アイヌの伝統芸能が「ユネスコ無形文化遺産（以下「ユネスコ」）」に登録[2]（二〇〇九年）され、国際的評価にもつながった。これらを契機として実施されてきた普及啓発イベントによって、音声や映像資料に残されている古い演

（1）北海道の八地域が一九八四年に国の「重要無形民俗文化財」の指定を受けた。その一〇年後に文化財保護審議委員会は、新たに北海道の九地域について、文部大臣に答申し、追加指定された。

（2）「アイヌ民族を先住民族とすることを求める国会決議」等を考慮し、日本の文化の多様性を一層示す観点から、上記の枠組みとは別に、「アイヌ古式舞踊」を第一回提案候補とし、登録された。

目にも注目が集まり、伝統芸能に触れたことがないアイヌの若者をはじめ、多くの人々にさらに広く知られるようになった。

ウポポイにおける伝統芸能の再考

ウポポイ（民族共生象徴空間）開業に向けて、二〇一八（平成三〇）年に伝統芸能を専門とする部署が発足した。ウポポイの設立背景や目標に、アイヌ文化の復興、発展、創造が掲げられており、これらの目標に沿って伝統芸能上演の舞台制作が始まった。

私は、ウポポイ開業当初より、伝統芸能上演プログラム制作のリーダーとして、舞台のシナリオ制作、舞台確認を担ってきた。舞台を制作する上で特に意識したのは、「先人が伝えてきたもの、残したものが今の私たちにつながっている」ということである。いいかえれば、音声や映像など先人の残したものも現代におけるエカシ（祖父）やフチ（祖母）であり、文化伝承を支える先生である。しかし、今を生きるアイヌの若者の多くはそれらの存在を知らず、私もユネスコへの登録がなければ、触れる機会もなかっただろう。音声や映像などの記録資料の多くは、日本をはじめとした世界各国の博物館や研究機関などに残されており、大切に保存されてきた。多くの人々が大切に保存してくれたことで、貴重な資料が今に残されているのは事実だが、当事者であるアイヌにも資料へのアクセスの機会が限られているのは問題である。それを解決することは、文化伝承を促進する上で急務であると考える。

そもそも保存会の発足やユネスコへ登録される前に、自らの先祖が伝えてきた言語や芸能を知らない人々が多くいるのはなぜだろうか。それは明治時代における同化政策や、本州や西洋の文化の流入による影響だと考えられる。そのために自分たちの言語や文化に価値がないのではないかという考えが支配的になってしまった。自らの文化を知らない、知る術がないという状況の中で、当事者が伝統芸能を演じたり、観たりする機会は減少した。生きていくために、多くのアイヌが選んだ道は「アイヌであることを隠すこと」であり、その中で自らがつないできた言語や芸能は早々に「意味のないもの」として位置付けられてしまったのである。

しかし、伝承が途絶えそうになっているとしても、「その土地に文化がない」「文化的価値がない」という、SNSなどで流行っているような言説は誤りである。過酷な社会や環境の中でも、家族の集まりや個人の活動、各地域で行われる儀礼、観光施設で仕事として伝承されてきた伝統芸能は、その全てが今の私たちの基礎になっているからだ。私が勤めていたポロトコタン（旧アイヌ民族博物館）も当事者であるアイヌが主体となって運営してきた代表的な施設である。

私が所属する伝統芸能課の職員は、半数がアイヌをルーツに持ち、その他はシサム[3]にルーツを持っている。私たちはウポポイの柱でもある「民族共生」を意識しながら、伝統芸能をはじめとしたアイヌ文化の復興・発展に取り組んでいる。その中で大切にしてきたことは、文献を調べることだけではなく、各地の伝承者から話を聞き、その思いも含めて職員間で共有することである。

歌や踊りをはじめとした伝統芸能は、地域によって手足の運びや節回し、メロディーが異なっており、踊り分けや歌い分けが難しい。各地域の演目を取り扱う上で丁寧な検証が必要なことから、私たちの取り組みにおける土台を伝統芸能の「伝承」と「復興」という二つの考えに分けた。

伝承とは、各地域の伝承者による指導を基に、多様な文化や伝統芸能を私たちが習得すること、そして多くの方々と共有することである。一方で復興とは、貴重な記録資料にある演目の復元を指し、それらを主体的に研究・検証しながら掘り起こすことで次につなげることである。昔のままに受け継いでいくことが難しい時代においては、言語や芸能は少しずつほかの文化の影響を受けてしまう。それらを暮らしの中で受け継いでいた時代に立ち返ってみようという試みが演目の復元なのだ。

伝承と復興という二つの目標を掲げ、当事者の主体性を重視しながら考え、そこにさまざまな意見やアドバイスを肉付けすることで、新たな文化伝承のモデルが確立されていくと考えている。その成果を各地域の方々との交流を通じて、

（3）アイヌ民族ではない日本の多数民族を指す名称＝和人。

写真1　演目復元の様子（二〇二〇年六月、（公財）アイヌ民族文化財団提供）

共有することも目標としている。

ウポポイにおける伝統芸能上演プログラム

アヌココロ ウアイヌコロ ミンタラ(国立民族共生公園)には、ウエカリ チセ(体験交流ホール)という伝統芸能の上演や映像の上映のための多目的ホールがある。そこでは、体験交流の目玉でもある「伝統芸能上演プログラム」を定時公演として、一日に四公演から六公演を上演してきた。

これまでに制作した舞台は大きく分けて二種類ある。その一つ『シノッ』は、北海道の自然を背景に日本語の解説を加えて演目を披露するスタイルである。多くの人々にアイヌの正式な挨拶や各地域の演目、各地域の着物を見てもらうことで、アイヌ文化の多様性を感じてもらうとともに、アイヌ文化の入口を提供する目的がある。演目にあわせて着物[5]を着替えて上演しているところは各地域との交流を意識したウポポイならではの見どころである。

一方で『イノミ』は、アイヌ語による進行をメインとし、イヨマンテ(熊の霊送り)という儀礼の饗宴の一部を再現している。儀礼に伴って演じられてきた伝統芸能は、カムイと人間が互いに楽しみ、もてなすために歌い踊られてきた。イヨマンテを実際に見たことがない世代の私たち職員が、過去の再現ではなく、先人が感じた思いを知りたい、そして次の世代に伝えていきたいという思いを

(4) カムイユカラ(神謡)を題材としたアニメーションを上映している。

(5) 着物の資料は地域を特定できるものが少ない。しかし、ウポポイでは、大きく四種類の縫い方に分け、できる限り演目の伝承地域に合わせた着物を着用している。それらは各地域の伝承者の方々やウポポイ職員の手作りである。

込めた舞台だ。そこに今を生きる人々の視点や感性を盛り込んだシナリオを制作し、伝統的な歌と踊りを上演している。

これらの舞台の演目には、アイヌの伝統芸能の中でも大正時代から記録に残されている歌と踊り、口承文芸、楽器演奏を基に復元したものや、これまで伝承されてきたものを伝承者からの直接指導によって受け継いだものもある。

現在、未上演を含めて二〇演目以上を取り扱っているが、そのうちの半数の演目は、これまで阿寒、帯広、白老、十勝本別、むかわの伝承者との交流を通じて受け継いだ演目である。そのほかの演目は、これまでポロトコタンや各地域で伝承されてきたものを自らの手で研究・検証し、貴重な音声・映像を照らし合わせて復元してきた演目である。

自らの生き方を選択する

私は幼い頃から、平取町にある実家で執り行われる儀礼の後に家族や親戚が踊る輪の中に入り、楽しみながら伝統芸能に触れてきた。私が五歳頃のこと、オーストラリアの先住民族の家族が数か月、実家にホームステイしていた。そのときにお互いの伝統芸能を披露しあい、交流をしたことを記憶している。その頃からだろうか。先祖からの伝統芸能を後世に伝える彼らの姿勢を見た家族が厳しくなったのは。これまでの楽しむという要素とは異なり、次の世代に残

写真2　伝統芸能上演リハーサル（二〇二〇年三月、（公財）アイヌ民族文化財団提供）

すためにスパルタのような指導が始まったのだ。毎日夜はストレッチ、踊りの練習にあてた。そして週末には各地域に踊りの披露に行くのである。私は何のために生まれ、何のために踊り、何のために人前に立つのか。人々の視線や浴びせられる言葉、ギャップに苦しみ、辛い思いをしたことで、その生活に耐えることができずにアイヌ文化から離れた時期がある。しかし、二〇〇八（平成二〇）年に札幌で開催された先住民族サミットという催しに参加した。そこで、同世代の若者が楽しく誇らしく踊っている姿を見たときに、幼い頃から踊りをしていた自分と重なった。私は、そのときに自らの生き方を選択したのだ。

人間は、それぞれに考えやルーツ、背景、性的指向が異なる。同様の環境に生まれ育った者でも、考えや生き方が異なるのは当たり前である。私はある出会いからアイデンティティの拠り所が「アイヌ」だと認識することができた。さまざまなルーツを持つ世界の人々がアイヌを知ることで、アイヌ文化はこの世界にある一つの文化であること、民族が異なっても変わらない人間であること、それを当たり前の感覚として受け入れることができる社会を目指し、舞台制作に思いを込めて携わっている。

かつてのように暮らしの中で受け継いでいくことが難しい時代、各地域の方々から受け継ぎ、復元してきた伝統芸能、これらの紹介を通して、積み重ねた成果が次世代につながっていくと確信している。直接見聞きできない環境において、伝承者の思いや先人たちの貴重な資料を探りながら、その一つ一つを丁寧に取り扱うことで伝承していくことができるのだ。時代が変われば伝承方法も変わる。しかし、根底にある自らのアイデンティティや先人が残した思いは変わらないのである。

column

ポロトコタンと私と父と祖父

山丸ケニ

写真はポロトコタンで働く祖父、父、私の名刺です。この写真だけ見ると代々仕事が受け継がれてきたかのように見えますが、三人とも幼いころから活発にアイヌ文化に携わってきたわけではありません。父も私も成人を越えてからポロトコタンに就職したことがアイヌ文化を学ぶきっかけとなりました。また、私が就職したころには父はもうおらず、父が就職したころには祖父はいませんでした。父や祖父がどのような思いでルーツに向き合っていたかは直接聞いたことがないので、想像するしかありませんが、ポロトコタンがきっかけになっていたことは間違いありません。そこで、私たちがアイヌ文化を学ぶきっかけとなったポロトコタンと、私たち三代のことについて紹介します。

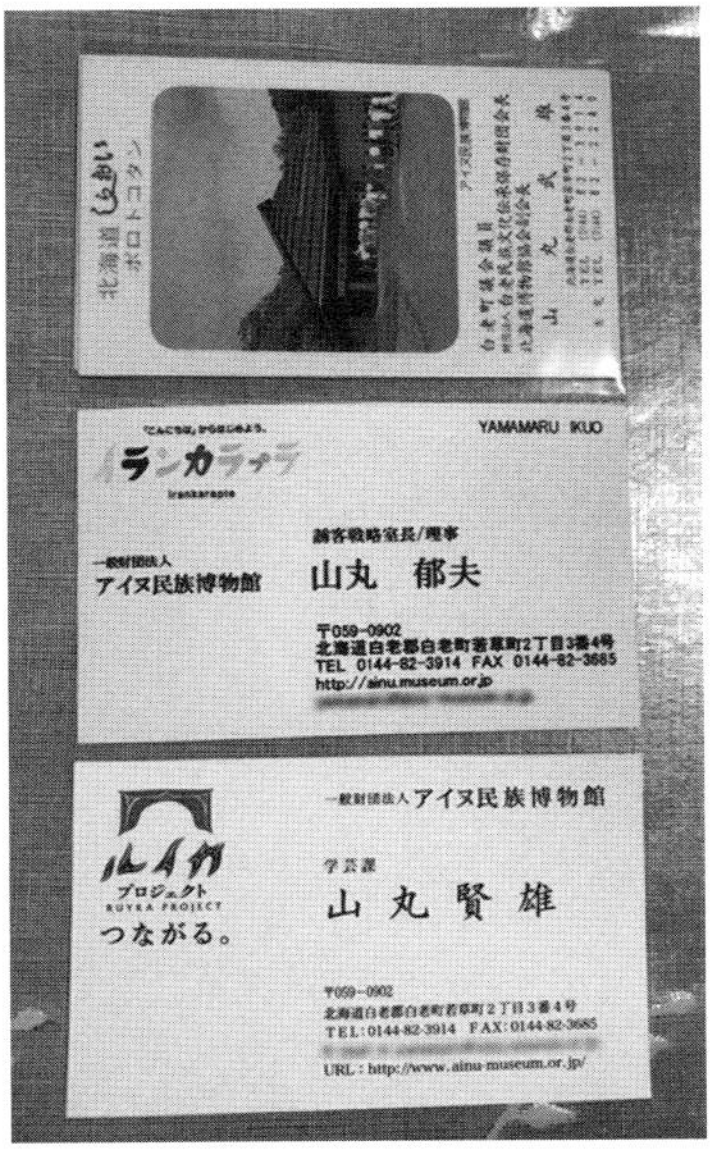

写真　祖父、父、私の名刺（個人提供）

山丸家はもともと漁業を家業としていました。祖父の武雄は幼少から漁業に従事するかたわら、一九四七（昭和二二）年に三三歳で白老村議会議員に当選して以降、議員活動を続け町政や漁業の振興に尽力しました。また、議員という立場からこれまで関わることがなかった観光業やアイヌ文化伝承にも力を入れるようになりました。当時、観光の中心であった白老コタンが生活域にあったため観光客増加に伴って様々な問題が発生しました。そこで移設の検討がされ始め、祖父はその中心を担うことになりました。一九六五（昭和四〇）年にコタンをポロト湖畔に移設し「ポロトコタン」と名付けました。また、個人の自由に任されていた観光事業を「白老観光コンサルタント株式会社」として組織化しました。それからは「財団法人白老民族文化伝承保存財団」を設立し、一九八四（昭和五九）年には「アイヌ民族博物館」を開館させるなど、ポロトコタンは文化伝承や保存活動も積極的に行いながら、海外先住民族との文化交流も積極的に進めていきました。祖父は私が生まれる二週間ほど前に逝去しました。その間父の郁夫はポロトコタンでは働いていませんが、父の兄や姉、私にとっての伯父や伯母が働いていました。では父はいつからポロトコタンで働くようになったのでしょうか。

二〇一三（平成二五）年より前にポロトコタンを訪ねたことがある方は、白いヒゲをたくわえたおじいさんがいたのを覚えていませんか。それが私の父です。

当時は町の中のいたるところに父が大きく写し出されたポロトコタンのポスターが貼られていて、ちょっとした有名人でした。そんな父がポロトコタンに就職するようになったのは、一九九六（平成八）年にポロトコタンにあったチセ一棟が全焼してしまい、再建を手伝ったことがきっかけです。父が四一歳で私が三歳の時でした。就職したころはまだヒゲもありませんでしたが、数年後には白いヒゲをたくわえ、踊りや儀礼の祭司などを務めるようになり、ときにはポロトコタンの顔として全道、全国各地へ駆け回るようになりました。

小学生のころから目立つことが好きではなかった私にとって、目立つ父のことを次第に恥ずかしく思うようになりました。当時は父の姿を通してしかアイヌのことを知らなかったため、私が思うアイヌ文化とは父のように白いヒゲをたくわえ、派手な着物を着て踊ることだと思っていました。私には向いていないと思い、将来アイヌ文化を伝えていこうとは思いませんでした。

私はそのような気持ちのまま小学校、中学校を卒業し、ポロトコタンとも疎遠になっていきました。のちに就職しましたが、北海道外で仕事をすることが多く、心の休まらない時期が続きました。見かねた父から「伝承者育成事業」[1]の参加を提案されました。父の提案に甘える形で、地元に戻ってアイヌ文化を勉強しながら自分のやりたいことを探そうと思い、仕事をやめて伝承者育成事業が始まるまでの間を過ごしていたところ、その年の暮れに父が出張先で急逝

（1）伝承者（担い手）育成事業とは、「伝統的生活空間（イオル）再生事業」の一環として実施されているものです。アイヌ文化の保存、継承、発展を図るうえで、アイヌ民族・文化に関する総合的な知識・技術・技能を身につけ、アイヌ文化を根底から支える総合的な人材（伝承者）を育成する事業です。二〇〇八年度よりアイヌ民族博物館を拠点に三年間を一期として実施されており、アイヌ語・衣・食・住・信仰・儀礼・工芸・芸能・教材開発など多岐にわたる研修が実施されています。現在は平取町二風谷に拠点を移し、五期生が研修を行っています。

しました。今でも信じられません。父に甘えようと思っていた自分の考えは打ち砕かれました。しかし、父から勧められた話とはいえ自分の意志はしっかり貫こうと思い伝承者育成事業へ参加することはやめませんでした。

こうして伝承者育成事業に参加したのは私が二〇歳のときでした。四名の同期とともに言葉や工芸、芸能などのアイヌ文化を広く学びました。まず自分と同世代でこんなにアイヌ文化を真剣に学んでいる人たちがいるのかと衝撃を受けました。研修を重ねていくと、幼いころからアイヌ文化に親しんできた同期たちとの差に悩むようになりました。それでも同期は私を置き去りにせず助けてくれたため、やめることなく続けることができました。徐々にアイヌ文化を理解するようになると自分の好きなこと、苦手なこともわかるようになりました。私は特に言語に興味を持ちました。同じペースで学習する同期が近くにいて、学習した内容をすぐに実践できたため、だんだんアイヌ語が話せるようになると楽しくなりました。これまで父の姿でしかアイヌ文化をイメージしてこなかった私が伝承者育成事業に参加したことで、自分なりの楽しさや面白さを見つけることができました。もっと勉強したいと思い、伝承者育成事業修了後はポロトコタンに就職しましたが、その年にポロトコタンはウポポイ開業に向けて閉館してしまいました。祖父の世代から続いてきたポロトコタンが姿をなくしてしまうことはとても悲しく寂しい気持ちでした。

祖父は白老町議として、そしてポロトコタンができてからは理事として、父は一家の主としてそれぞれアイヌ文化に関わるようになりました。私は父の紹介でアイヌ文化と関わるようになり、自分なりのやりがいを見つけることができました。三代とも成人を迎えてからポロトコタンをきっかけに自分たちのルーツと向き合うようになりましたが、それでも私は遅くないと思います。なぜなら自分が知らないだけで、身近なところでアイヌ文化にふれる機会はあるからです。時間が経てば経つほど失っていくものではなく、増えていくものだと思います。過去をふりかえり、ルーツと向き合うことが遅くなっても、その分アイヌ文化への思いはしっかり蓄積されているはずです。

祖父は旧アイヌ民族博物館の聞き取り調査で、漁師仲間とともに自分たちの身の回りにあったアイヌ文化のことを思い出しながら語り残しています。その中にはアイヌの風習が恥ずかしかったんだと話すような内容もあり、当時感じていた思いも知ることができました。父からは直接話を聞く機会がなかったため、私の想像になりますが、父もポロトコタンで働きながら祖父や祖母、先祖のことを探していたのかもしれません。なぜなら私がそうだからです。

私は伝承者育成事業で勉強するようになって、同期との差に悩む一方で、アイヌ文化とともに育ってきた自分に気付くこともできました。例えば、毎年墓参りに行ったとき当たり前のように行っていた、供物を半分ちぎって口にして、もう半分を一ヶ所に捧げるやり方がアイヌの先祖供養にルーツがあったことを知ることができました。[2] 家族が使う車にはイナウ[3]というアイヌの祭具がかかっていたり、父が作るアイヌ料理も口にしたりしていました。自分が目を向けていなかっただけで、アイヌ文化が身近にあったことを思い出すことができました。

今、白老町にはウポポイがあります。私はここでアイヌ語を扱った体験プログラムを担当しています。私や父が紆余曲折がありながらも自分のルーツと向き合うことができたのは、ポロトコタンがあったからです。ウポポイも地元のアイヌが自分のルーツに向き合うきっかけになるような施設にならなければいけません。そのためにも私たちはポロトコタン以上にウポポイを次の世代へ残していかなければいけないと思っています。身近にアイヌ文化がないと思っている方も一度ウポポイへお越しください。なんとなく懐かしいと感じるものがたくさんあると思います。そこに自分のルーツと向き合うきっかけがあるかもしれません。

(2) 伝統的なアイヌの先祖供養は墓参りをせずに自分の家のそばにある先祖供養用の祭壇で行います。祭壇の前で供物をちぎって捧げると、その供物はあの世では何倍にもなって届けられると考えられています。

(3) イナウとはカムイへの贈り物。ミズキやヤナギなどの木を薄く削って作られ、形状も用途も様々です。車にイナウをつけるようになったのはここ最近の話ですが、漁業を生業とするアイヌが多い白老町では舟に同じようにイナウをつけて安全を祈願していました。ただ、祖父の世代になるとその垂れ下がるイナウを恥ずかしいと思うようになったそうです。

第二部　ウポポイのアイヌ語

第三章　アイヌ語を第一言語に

小林美紀

はじめに

国立アイヌ民族博物館（以下「当館」）はウポポイ（民族共生象徴空間）の主要な施設の一つであり、「先住民族であるアイヌの尊厳を尊重し、国内外のアイヌの歴史・文化に関する正しい認識と理解を促進するとともに、新たなアイヌ文化の創造及び発展に寄与する」ために設立された。ウポポイでは、アイヌ語を第一言語としており、園内の施設名等の各種表示や当館の主要な展示解説文など多言語表記をしている箇所では、基本的にアイヌ語を一番先頭に表示している。

アイヌ語は日本列島北部とその周辺の地域で話されてきた言語である。明治以降の同化政策によりアイヌ語は次第に生活から切り離され、二〇〇九（平成二一）年にユネスコにより「消滅の危機にある言語」と位置付けられた。現在アイヌ語だけで日常生活を送っている人はいない。そのような状況のなかで園内の施設名や展示解説文をアイヌ語で表示するのは容易ではなく、検討すべき大きな課題がいくつかあった。それが①方言、②表記、③新語の三つである。

方言と表記の方針を検討する

課題検討のため、開館の約三年前、二〇一七（平成二九）年に有識者やアイヌ語研究者で構成される「国立アイヌ民族博物館におけるアイヌ語表示・展示解説検討委員会」（以下「委員会」）を、当時の公益財団法人アイヌ文化振興・研究推進機構（現・公益財団法人アイヌ民族文化財団）が立ち上げた(1)。

アイヌ語には当然ながら様々な方言があり、標準語は定められていないため、表示や展示解説文に用いる方言をどう選定すべきかを委員会では議論した。各地のアイヌ語学習者に集まってもらい、意見交換する機会を設けるなどし、検討を重ねた。博物館の展示ということを考えた場合、多くの人にとってのわかりやすさというのも一つの大事な要素であるため、一つの方言を用いたほうが統一感があり、理解しやすいなどの意見もあった。しかし、それを行う場合、どの方言を選ぶべきかは非常に難しい選択になることが予想された。意見交換のなかで各地のアイヌ語学習者がそれぞれの方言を非常に大切にしていることを強く再認識させられることとなったからだ。これと並行して、誰がアイヌ語による展示解説文

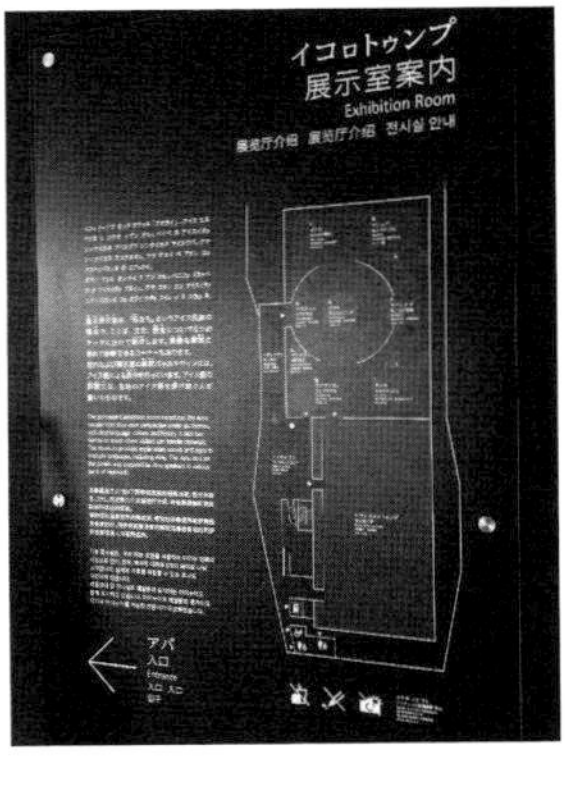

写真1　アイヌ語が第一言語として先頭に書かれている展示室案内

（1）公益財団法人アイヌ文化振興・研究推進機構は二〇一七年に民族共生象徴空間の運営主体に指定された。

を執筆するかについても検討した。そのなかでこの取り組みをアイヌ語学習の機会として活用することを目指してはどうかとの意見があり、各地のアイヌ語学習者や継承活動をしている人に執筆してもらうことになった。それぞれが各地の方言を大切に思っていることから、方言については、執筆者に希望する方言を選択してもらう方式をとることとした。

このことは結果的に大きなメリットが二つあったと筆者は考えている。一つは当館がアイヌ語のなかの多様性、つまり各方言を尊重するという姿勢を示すことにつながったことである。ことばに限らずアイヌ文化は各地で受け継がれている。職員は展示をつくり上げていくなかでも、「アイヌ文化」と一言で言っても地域によって差異があり、その多様性を尊重すべきであるという視点を改めて学んでいった。できる限りそのことも展示のなかで示していくべきだというのも職員間で共通の認識となっていったと筆者は感じている。

そしてもう一つのメリットは解説文の執筆者の確保という実務的な側面である。実は、議論のなかでは一度に使用する方言を一つに絞り、定期的に変えていけばいいのではないかとの意見もあった。例えば、開館一～二年目はA方言、三～四年目はB方言、五～六年目はC方言……のような方法である。展示室に統一感を持たせながらも、長期的に見れば複数の方言を使用できるということで、この案も非常に魅力的であった。しかしながら、各方言の学習者数にはばらつきがあり、この方法では一度に複数の執筆者を確保することが難しかったケースもあっただろうと思う。

また、表記についても現在アイヌ語は主にローマ字やカタカナで表記されるが、正書法は定められておらず、検討課題となっていた。各種表示や展示解説文という性質上、スペースの制限がある箇所については、幅広い年齢層で読めるなどといったメリットからカタカナ表記を優先することにした。カタカナ表記の方法については、これまで様々な表記のしかたが試みられてきた。例えば、「二」はアイヌ語でtuという単語だが、カタカナ表記ではトゥと表記する方法もあれば、従来のカタカナにはないト゚という文字を使って表記する方法もある。このように、どのようなカタカナ表記の方法を用いるかについては、個人差もある。解説文の場合は執筆者に任せる方針とした。一方、施設名等の各種表示については、一九九四（平成六）年に当時の北海道ウタリ協会（現北海道アイヌ協会）が発行したアイヌ語テキスト『アコロ イタㇰ』の表記法に準じた。議論のなかでは、ローマ字表記だと、そこに書かれているのがアイヌ語であることが日本語話者の来館者には伝わりにくいのではないかという意見もあった。ローマ字表記、カタカナ表記双方にメリット・デメリットがある。筆者はアイヌ語の文法を研究テーマとしており、それまでアイヌ語学習を始めて以来ずっとローマ字表記を使用してきた。例えば、「私が歩く」というアイヌ語を沙流《さる》方言でカタカナで書くと、「カㇷ゚カㇱ」となる。これを「私が」と「歩く」という二つの要素に分けようとする際、カタカナでは表示しにくい。それに対し、ローマ字では"k-apkas"の"k"の部分が「私が」を表し、"apkas"が「歩く」を表すというように説明ができる。このように文法の説明や分析にはローマ字表記のほうが使いやすい。結果としてカタカナ表記を選択したのだが、来館者の様子を展示室でみていると、やはりカタカナ表記のほうがアイヌ語であると認識されやすいようだと感じている。また、「カㇷ゚カㇱ」の「ㇷ゚」や「ㇱ」のような小文字の表記やその発音についても来館者からよく質問を受けるので、カタカナ表記がアイヌ語に興味を持つきっかけにつながっているとも感じる。

アイヌ語の表示をつくる

これまでのアイヌ語にはない表現や新語についても課題となった。例えば、多くの博物館で備えられている「展示室」や「収蔵庫」もアイヌ語で表示するとなれば、どのように表現するか検討が必要となった。

前述の各地のアイヌ語学習者との意見交換の場などで行われた議論のなかでは、そもそも新語をつくる必要があるのだろうかという意見も出された。つまり、これまでのアイヌ語にはないことばは日本語などから借用して使うという方法も選択肢としては考えられた。一方で、アイヌ語が日常で使われる社会を望むという立場から、社会が変化しているなかで新語は必要なのではないか、新語を検討する意義はあるという声もあった。また、今回の取り組みを通じて、新語をつくる力を養成していってはどうかとの意見や、「新語」というと新たに語をつくるというイメージになりがちだが、既存の語の形は変えず、意味を拡張させるという手法もあり、そうした方法についても検討すべきであるという意見なども出た。

これまでのアイヌ語にはない表現や新語の検討は必要であるとの結論に至り、委員会のもとに二〇一八（平成三〇）年、「国立アイヌ民族博物館におけるアイヌ語表現・新語検討ワーキング会議」（以下「ワーキング会議」）を立ち上げ、検討を進めることとなった。ワーキング会議は、これまでアイヌ語で執筆を重ねてきた経験者や研究者、アイヌ語を学習してきた経験があるウポポイの職員のうち数名がメンバーとなった。日常的にアイヌ語のみを使用して生活している人がいない状況のなかで、アイヌ語として自然なのかや、アイヌ語として許容されるのかを判断することは容易ではない。アイヌ語を使っていくうえで、自由で柔軟な発想は大切にすべきであると筆者は考えている。しかし、一方でアイヌ語の文法的規則に合うものであるかという観点も忘れるわけにはいかない。そのため、議論を重ねることになった。

開館の二年前にワーキング会議が立ち上がったわけだが、検討すべき表現や単語は数多くあった。また検討の過程を後々振り返ることが可能なように記録に残すべきであるとの意見も委員から寄せられた。そのため、顔を合わせての会議だけでなく、オンライン掲示板を作成し、活用した。この掲示板は、委員会やワーキング会議の委員、アイヌ語による解説文執筆者、解説文の校閲者などのメンバーが閲覧や書き込みができるように設定した。掲示板でアイヌ語の案を出し合い、議論をしつつ、出されたすべての案について対面のワーキング会議にて文法的な誤りがないかなどを検討した。そして、この会議をとおった案のなかから、職員が実際に表示として使用するものを絞り込み、委員会で承認を受ける手順で選定した。

アイヌ語は当然ながら日本語と文法構造が異なるので、日本語の単語を単純にそのままアイヌ語に置き換えればよいというわけではなかった。例えば、「授乳室」という日本語は「授乳」と「室」という二つの要素から構成されている単語だ。「授乳する部屋」という意味合いだろう（さらに説明的に言えば、「授乳するための部屋」という意味だろう）。アイヌ語で「授乳する」という意味の語はトノンテだ。検討のなかで「〇〇室」のような室名は多数出てきており、そうした箇所にはトゥンプを「室」に相当する単語として使った。日本語のように、この二つの要素を組み合わせてトノンテ トゥンプとすればいいかというと、そうではない。アイヌ語には自動詞は名詞として使えるという文法的な規則があるが、トノンテは「～が～に乳を飲ませる」という他動詞なので、このままでは「授乳」という意味の名詞としては使えないのだ。トノンテを自動詞にする方法として、イという接頭辞を付けるという方法がある。このイは他動詞に付くと目的語の位置を埋めるという機能がある。例えば、ク（～を飲む）という他動詞に接頭辞イが付くと、イク（飲酒する）という意味の自動詞になる。このイを使って、イトノンテにすると「～が乳を飲ませる」という自動詞になる。イトノンテは自動詞なので「授乳」という名詞として使うことが可能だ。「名詞＋名詞」という構造はアイヌ語の合成名詞のパターンとして許容されるので、イトノンテ トゥンプという形はアイヌ語として文法的に許容されるだろうと判断される。当館の授乳室は第一言語として「イトノンテ トゥンプ」という表示が先頭にされている。

表示の六つのパターン

検討の結果、表示として使用したものは、いくつかのパターンにわけられる。ここでは六つのパターンを紹介する。

一つ目は、従来のアイヌ語にあった語や表現をそのまま使用するというパターンである。例えば、アシンル（化粧室）などがそれにあたる。アシンルは「便所」という意味で、「便所」を表すことばはいくつかあるが、比較的多くの方言で用いられることもあり、そのなかでもアシンルを使うことになった。

二つ目に既存の表現や語の意味を拡張して使用した例がある。一例として「プ

写真2　イトノンテ トゥンプ（授乳室）の表示

写真3　アシンル（化粧室）の表示

ラザ展示」を紹介する。当館の基本展示室の特徴の一つは、中心から周辺へと自由に展示室を回れる構成となっていることである。展示室の中央には「私たちのことば」の展示があり、その周辺部のドーナツ状の部分がプラザ展示と位置付けられている。展示室の中央部に位置するプラザ展示には、六つのテーマ「私たちのことば」、「私たちの世界」、「私たちのくらし」、「私たちの歴史」、「私たちのしごと」、「私たちの交流」のエッセンスが集められており、そこを見て、より詳しく知りたい人には周辺の個別の展示を見て理解を深めてもらうという構造になっている。この「プラザ展示」をアイヌ語でどう表現するかは結構難題であった。頭を悩ませるような表現の検討の際には、対象となる語の意味や場所としての機能を丁寧に確認しながら、案を出しあっていった。『広辞苑』によると、「プラザ」とは「街中で人が多く集まる広場[2]」とある。まずはこうした意味を手掛かりにできないかとの発想もあったが、ウポポイのなかには「〇〇広場」のような名称の箇所が複数あり、『アイヌ語方言辞典[3]』に「広場」として記載のあったシミムタラという語は、すでに別の場所、「芝生広場」を指すことばとして使用していた。そこで、当館独自の「プラザ展示」の機能に着目して、アエキルシという案が出され、採用された。アエキルシとは、一九二三（大正一二）年に出版された知里幸恵編の『アイヌ神謡集[4]』に出てくる単語である。『アイヌ神謡集』ではアエキルシに対応する日本語は「目次」となっている。前に述べたように、プラザ展示

（2）新村出編『広辞苑』（第七版）岩波書店、二〇一八年。

（3）服部四郎編『アイヌ語方言辞典』岩波書店、一九六四年。

（4）知里幸恵編『アイヌ神謡集』郷土研究社、一九二三年。

は各テーマのエッセンスを集めた場所であり、ここを手掛かりにより深く知るために各テーマに進んでもらう、いわば基本展示室の目次のような場所である。

　三つ目に、既存の表現や語を別の観点から当てはめて使用した例がある。この例として「いざないの回廊」を紹介する。いざないの回廊とは、木々や動物が壁面に描かれた回廊で、ウポポイ園内に入っていく際に来園者が通る場所である。この検討の際に出た案としては、日本語の表現をもとにした「人を誘う道」のような意味のアイヌ語の表現もあったが、結果としてカンカンが選定された。カンカンとは、『地名アイヌ語小辞典』[5]によれば「原義〝小腸〟。川など小腸のように屈曲して流れている部分をいう」、『アイヌ語入門』[6]では川が「幾重にも屈曲して流れている所」を呼ぶとあり、これらの情報が参照された。カンカンは実際に平取町二風谷の一つの沢の名として知られており、対面のワーキング会議でもそのことが話題として出た。いざないの回廊は、くねくねとしており、この形状に着目してカンカンと呼ばれることになった。

　また、四つ目に、カンカン同様に対象となるものの形状に着目しつつ、既存の表現や語をそのまま用いるのではなく、一部を変更して新しい表現をつくったものもある。それがトゥㇱエリキンペ（エレベーター）という表現だ。これは、トゥㇱ（綱）・エ（～で）・リキン（上る）・ペ（もの）という四つの要素からできている。『動物篇』（『分類アイヌ語辞典』第二巻）の蜘蛛の項目ではトゥㇱエリキンクㇽ

（5）知里真志保『地名アイヌ語小辞典』楡書房、一九五六年。
（6）知里真志保『アイヌ語入門　とくに地名研究者のために』楡書房、一九五六年。

という語が確認できる[7]（クㇽは「人」を意味する）。蜘蛛を表すこの表現が参考にされた。蜘蛛を指すことばではクㇽ（人）だった部分をエレベーターではペ（もの）に置き換えて表現したわけである。

五つ目に、検討の結果、新しい表現をつくり出したケースもある。例えば、現在当館では「展示室」はイコㇿトゥンプ、「収蔵庫」はイコㇿプと表現している。イコㇿは「宝」、トゥンプは「部屋」、そしてプは「倉」という意味だ。直訳的には展示室は「宝部屋」、収蔵庫は「宝倉」のようになっているわけだが、ここでのイコㇿは「資料」を想定して表現されている。このように単語と単語を組み合わせて新たに表現を生み出した場合もある。前に紹介したイトノンテトゥンプ（授乳室）もこのタイプである。

新しい表現をつくり出したケースで、最も熱い議論が交わされたものの一つに「民族共生象徴空間」がある。新しい表現をつくり出したケースのなかでイトノンテトゥンプ（授乳室）などは、語の構成としてはアイヌ語と日本語は似た構造になっている。アイヌ語も日本語もイトノンテ（授乳）、トゥンプ（室）という二つの名詞が組み合わさった「名詞＋名詞」という構造だ。「民族共生象徴空間」は、日本語のほうは「民族」「共生」「象徴」「空間」の四つの要素に分けられる。この四つの語はいずれも既存のアイヌ語に単純には当てはめることはできず（もちろん議論を重ねれば、一部は既存のアイヌ語の意味を拡張して使用することは可能かもしれな

（7）知里真志保『動物篇』（『分類アイヌ語辞典』第二巻）日本常民文化研究所、一九六二年。同書では「tús-e-rikin-kur」で「綱・で・登る・神」と記載されている。

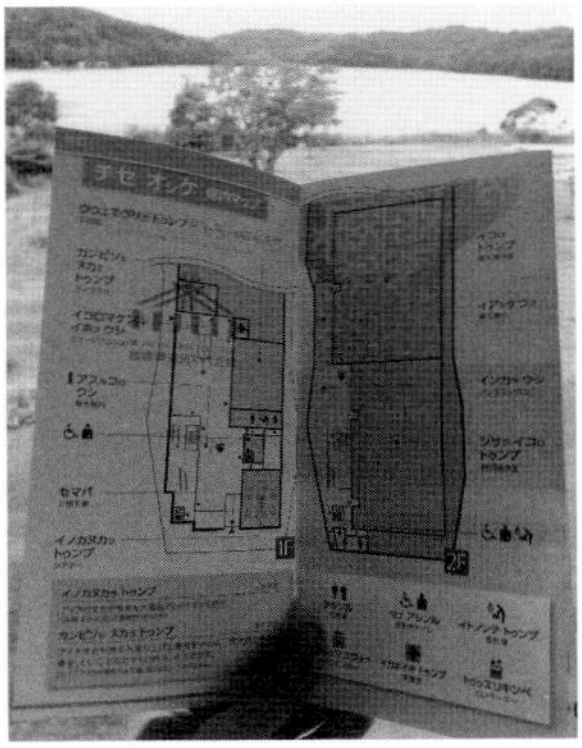

写真4　リーフレットの館内マップもアイヌ語で表示されている

いが）、「民族共生象徴空間」の存在の機能的な面からいくつか案が出されていった。民族共生象徴空間は、アイヌ文化を振興するための空間や施設であるだけではなく、「アイヌ文化を復興・発展させる拠点」[8]として、また、「将来へ向けて、先住民族の尊厳を尊重し差別のない多様で豊かな文化を持つ活力ある社会を築いていくための象徴」[9]として位置付けられている。差別のない多様で豊かな文化を持つ活力ある社会を築いていくためには何が必要かを考えた際に、お互いを敬い合うことが必要ではないかとの思いからウアイヌコㇿ コタンという案が出された。

ウアイヌコㇿは「互いを敬う、敬い合う」、コタンは「集落、村」という意味である。ウアイヌコㇿは、静内《しずない》方言の口承文芸の次の用例を参照した。「アイヌ　アリ　アイェヤッカ　人間と言っても／アイヌ　ケウトゥム　ピㇼカワ　人間の心がけがよくて／カムイ　アイヌコㇿコンノ　タアコラチ　神を敬ってくれるとこうして／ウアイヌコㇿアンペ　ネナ　私たちもお互いを敬えるのだよ[10]（傍線筆者）」『アイヌ語沙流方言辞典』ではwの挿入音が入ったウワイヌコㇿという形で「子どもも母も皆で父を『まてえに』（大切に）して従っている」という意味で記述されており[11]、方言的に意味の上で少し差異がある可能性もある。今回は静内方言の用例を参照し、人と人が「互いを敬う」という意味で用いてもよいだろうという判断になった。現在は、「民族共生象徴空間」は愛称であるウポポイが広く知られているが、議論に議論を重ね、「互いを敬う」ことが大切であるという思いが

(8) アイヌ総合政策推進会議『「民族共生象徴空間」基本構想』（改定版）二〇一六年。

(9) アイヌ政策のあり方に関する有識者懇談会「報告書」二〇〇九年。

(10) 北海道静内町教育委員会編『静内地方の伝承』（『織田ステノの口承文芸』第五巻）静内町郷土史研究会、一九九五年。

(11) 田村すず子『アイヌ語沙流方言辞典』草風館、一九九六年。

込められたウアイヌコㇿ コタンという表現も多くの人に知ってほしいと筆者は考えている。

また、六つ目に、前述のようにこれまでのアイヌ語にはないことばは日本語などから借用して使うという方法も選択肢としては考えられ、実際に表現の一部を借用したケースもあった。「CT室」などがそれにあたる。この検討の際には、まずCTとは何かという話になり、computed tomography の略であり、コンピュータ断層撮影を指すらしいなどといったことも話題として出た。「コンピュータ断層撮影」をアイヌ語の表現として考えるべきかということも議論になり、「CT室」という日本語の室名自体が、そもそもCTを借用しているので、アイヌ語の表現でもその部分は借用して「CTトゥンプ」となった。

このようにして開業までに検討した表現や語は一八〇を超え、現在、園内の表示などに使われている。本稿で紹介したのは、そのごく一部に過ぎないが、既存のアイヌ語を活用しつつ、柔軟な発想を持つこと、そして文法的にアイヌ語の構造に合うものであるかを複数で議論することが必要であり、様々な手法を駆使してつくりあげた。そのために職員だけでなく、外部の人の協力がなければ達成できなかった。また、この取り組み自体がアイヌ語の今後に多かれ少なかれ影響することが予測されたため、少なくとも筆者にとってはその責任の重さを感じながらの取り組みでもあったし、協力者や職員のなかには同様に感じていた人もいたと推測する。ご協力いただいたことに改めて感謝申し上げる。また、本稿でも一部を紹介したが、これまでのアイヌ語の記録を参照して参考にすることも多かった。アイヌ語を大切に残そうと努力してきた先人たちのおかげで、そうしたことが可能だったことも伝えておきたい。

また、施設名の表示等について、今回は日本語の名称が先に決定されており、それをアイヌ語にするという作業だったわけだが、検討の過程では、本来であれば、第一言語と位置付けるアイヌ語の名称を決定した後で、それをもとに日本語の名称を決定すべきではないのかという声もあった。開館前の作業では、時間的な制約などにより、それは実行できなかったが、筆者も本来的にはそれが理想ではないかと考えている。

アイヌ語を第一言語として位置付けてはいるものの、現状ではすべての解説や案内表示にアイヌ語を表示できているわけではなく、まだ一部である。この取り組みは始まったばかりであり、開業後も必要となった表示などについて、新しい表現や新語の検討は続けている。また、今後も継続していく必要がある。

現在ウポポイで使われている表現は、あくまで表現の試みの一例に過ぎない。検討の過程ではより多くの表現が生まれた。それらは記録されており、後々公開していく予定である。また、現在各地にアイヌ語を学ぶ人がおり、ウポポイの外でも新たなアイヌ語が生まれている。アイヌ語が使われていくなかで、新しい表現や新語は当然必要とされるであろうし、今後もウポポイのなかでも外でも必要に応じて生み出され、使われていくだろう。

第四章　国立アイヌ民族博物館のアイヌ語による展示解説文と「私たち」

深澤美香

はじめに

二〇一七（平成二九）年、国立アイヌ民族博物館の開館が三年後に迫るなか、アイヌ語を使って展示解説文を書くという挑戦が始まった。自らの歴史や文化、言語などに関する展示解説文を適切な表現で誤解のないように書くというのは、たとえ日本語であっても容易なことではない。それをアイヌ語でやるというのだから責任重大である。もしかすると多くの来館者、もっと言えばウポポイで働く人たちでさえも、本当の意味ではその価値に気づいていないかもしれない。本稿は、その一端を少しでも多くの人に知ってもらうために、何をどのように検討したのかということを、筆者の言語学者としての視点から論じるものである。

現在、ウポポイ（民族共生象徴空間）ではアイヌ語を第一言語と位置付け、園内の各種表示がアイヌ語で書かれている。さらに、国立アイヌ民族博物館の主要な展示解説文は、初めにアイヌ語で表示され、そのあとに日本語、英語、中国語（簡体字）、韓国語が続いている。

このような表示方法は、アイヌ語が第一言語であるという姿勢を象徴したものであり、見た目にも分かりやすい。しかし、展示解説文の作成過程を広く一般に公開してこなかったことから、日本語からアイヌ語へ訳したものだという誤解を受けてしまうこともあれば、事実とは異なる新たなストーリーがひとり歩きしてしまったことも少なくない。さらに、この展示解説文の大きな特徴は、語りの主体として「私たち」という表現が使用されていることである。これもまた、「『私たち』とは誰であるのか[1]」という問題提起とともに引き合いに出され、印象的に論じられることがある。こうした背景を踏まえて、ここでは「私たち」という表現にまつわる議論を中心に、アイヌ語による展示解説文の作成過程を見ていくことにする。

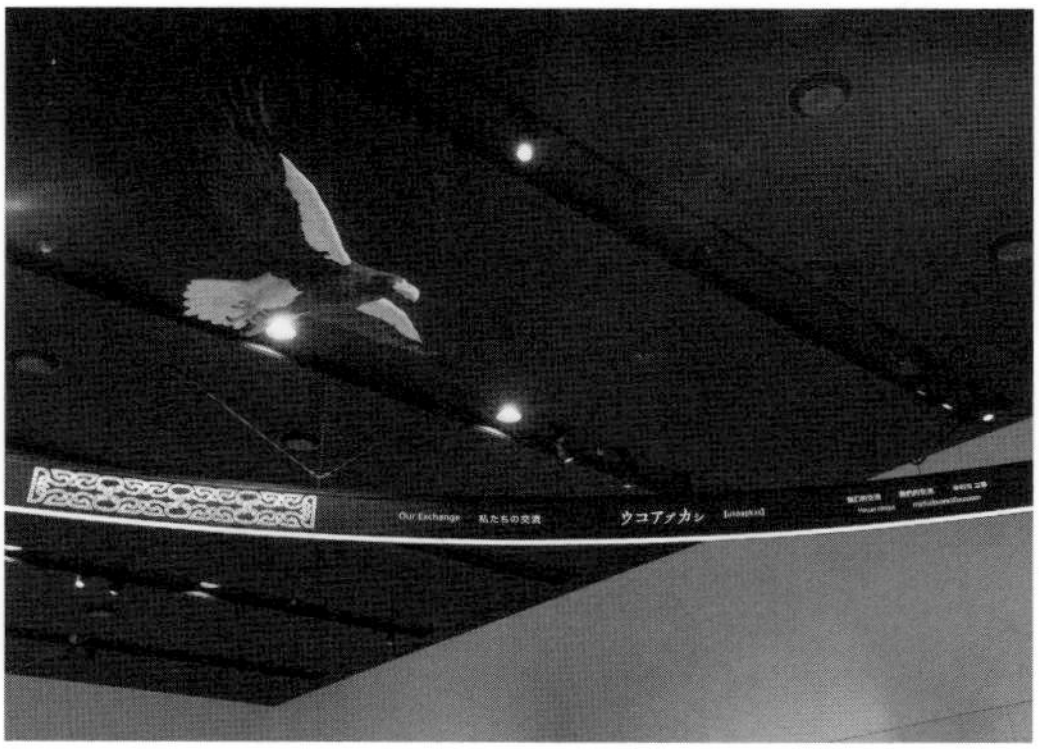

写真1　ウコアㇷ゚カシ「私たちの交流」の表示

アイヌ語の方言・新語・表記

アイヌ語は日本列島北部とその周辺の地域で話されてきた言語である。共通語（いわゆる「標準語」）は定められておらず、北海道、樺太、千島北部で方言的に大きな違いが見られる。日本の東北地方にはアイヌ語由来の地名が残っているが、

（1）小田原のどか「〃私はあなたの『アイヌ』ではない〃：小田原のどかが見たウポポイ（民族共生象徴空間）」ウェブ版美術手帖、二〇二〇年八月三〇日、https://bijutsute cho.com/magazine/insight/22558（閲覧日　二〇二二年八月一七日）

それ以上の語彙や文法的な情報は残っていない。北海道内部においても方言差が確認できるが、日本語内部の方言差と比較しても語彙的な違いはそれほど大きくない。

明治以降の同化政策によってアイヌ語だけで生活をすることが困難になると、子どもたちの将来のためにアイヌ語よりも日本語を学ばせようとする親たちが増えていった。アイヌ語の継承が途絶え始めるなかで、アイヌ語を残すために自らテープやノートに記録した人、研究者の調査に協力する人もいた。二〇〇九（平成二一）年、アイヌ語はユネスコによって「消滅の危機にある言語」と位置付けられたが、世界の危機的な状況にある言語のなかでも、音声や文献、映像資料が豊富にあるのは、そのような先人たちがいたお陰である。それでもなお記録が少ない方言は、近隣方言の語彙や文法の記録に頼らざるを得ないこともある。

表記については、現在、アイヌ語はカタカナとローマ字のどちらか一方、あるいは両方で書かれることが主流である。アイヌ民族によってアイヌ語が文字で書かれるようになった歴史はおよそ百年程であり、正書法が公的に確立されているわけではなく、カタカナとローマ字のいずれの表記法のなかにも、音の表記にいくつか選択肢が残されている部分がある。(2)

新語については不足している現状にある。日本語は幕末から明治において西洋の言葉に漢字を当てて翻訳したり、漢語から借用したりして大量に新語をつくっ

(2) これはアイヌ語に限った話ではなく、例えば、日本語の「ローマ字のつづり方」では、現行の内閣告示・内閣訓令（一九五四年）を経て、二〇二二年度から新たにヒアリングや実態調査を行い、「ローマ字のつづり方に関する整理」が進められることになっている。議事録には、つづり方を統一する意見と、個人の意思に配慮する意見の両方が見える。国語課題小委員会「第五二回国語課題小委員会（令和四年七月一九日）資料三：国語分科会で今後検討すべき課題に関する意見（案）」文化庁、二〇二二年、https://www.bunka.go.jp/seisaku/bunkashingikai/kokugo/kokugo_kadai/iinkai_52/pdf/93733501_02.pdf（閲覧日　二〇二二年八月一七日）

たが、アイヌ語はそのような歴史を辿らなかった。アイヌ語の母語話者の多くが日本語とのバイリンガルになると、即座にアイヌ語から日本語に言語を切り替えることで、アイヌ語にはない表現を回避できたためと考えられる。この「言語を切り替える」という行為の現象は「コードスイッチング」あるいは「コードミクシング」などと呼ばれ、ある言語のなかに別の言語の言葉を取り込んでしまう「借用」とは区別される。現在の日本では、日本語を全く使わずにアイヌ語だけで生活することは困難であり、それと相関するようにアイヌ語で新たな表現が生み出される環境や機会も多いとは言えない。そのため、例えば「社会」や「科学」などという近代の新しい概念の大部分については、アイヌ語の表現がまだないというのが現状である。(3)

さて、日本語では、「常用漢字表」「現代仮名遣い」「送り仮名の付け方」「外来語の表記」「ローマ字のつづり方」がそれぞれ内閣告示、内閣訓令となり、一般の社会生活における国語表記の目安・よりどころとされている。(4)これらは、かつては国語審議会、現在では文化審議会国語分科会と各小委員会において検討されている。いっぽう、アイヌ語には国の政策としてこのような検討の場が設けられていない。そこで、二〇一七年に立ち上げられたのが、アイヌ語研究者や有識者で構成される「国立アイヌ民族博物館におけるアイヌ語表示・展示解説検討委員会」（以下、委員会）であった。アイヌ語の方言や表記に関する検討の場としては、

（3）太田満『和愛辞典：草稿版』（太田満遺稿整理保存会、二〇二二年）には、多数の新語案が掲載されており、「科学」に対する案も見られる。こうした案がいずれ定着する可能性は十分にある。

（4）文化庁「国語施策・日本語教育：内閣告示・内閣訓令」https://www.bunka.go.jp/kokugo_nihongo/sisaku/joho/joho/kijun/naikaku/index.html（閲覧日　二〇二二年八月一七日）

北海道ウタリ協会（現在の北海道アイヌ協会）が『アコロ イタク[5]』という教科書を編集して以来の画期的なものであった[6]。

委員会では、各地のアイヌ語学習者[7]に集まってもらって意見交換を行うことから始めた。アイヌ語の方言、表記、新語、この三つに当館そしてウポポイがどう対応していくかが取り急ぎの課題であった[8]。検討の結果、方言については、これまで学んできた方言や自らの出身地に近い方言など、執筆者が希望する方言で執筆してもらうことにした。表記については、タイトルはカタカナとローマ字を併記し、本文はカタカナを優先するということは決めたが、それ以上の細かな表記の選択は執筆者に任せた。新語についても、基本的には執筆者の考え方を尊重した。これらの決定は、国立の施設がアイヌ語の将来を決めることはあってはならないという考えのあらわれでもあった。国立の施設がアイヌ語の統一的な表記や方言を使用するということは、意図せずとも「表記の目安・よりどころ」とされてしまう可能性がある。アイヌ語を受け継ぐ人たちの選択肢を狭めることなく、アイヌ語の多様性を保ったまま未来につなげていくために、あえて「一つに決めない」ということを決めたのであった。

アイヌ語による展示解説文を執筆するということ

当館では、いわゆる常設の展示室を「基本展示室」と呼んでいる。基本展示室

（5）北海道ウタリ協会企画・編『アコロ イタク AKOR ITAK アイヌ語テキスト1』クルーズ、一九九四年。当館の施設名等の各種表示については、この表記法に準じている。

（6）『アコロ イタク』の編集会議においては、全道一一ヶ所（当時）のアイヌ語関連の研究者と、アイヌ語教室の代表者が集まって表記法について検討を行ったという（詳しくは、中川裕「アイヌ人によるアイヌ語表記への取り組み」塩原朝子・児玉茂昭編『表記の習慣のない言語の表記』東京外国語大学アジア・アフリカ言語文化研究所、二〇〇六年、三二頁）。

（7）具体的には当時の公益財団法人アイヌ文化振興・研究推進機構（現在の公益財団法人アイヌ民族文化財団）が行うアイヌ語指導者育成事業への参加者のうち、同財団が行うアイヌ語上級講座や入門講座、ラジオ講座の講師経験者、もしくは、委員会から推薦を受けた者。

（8）詳しくは本書の第三章「アイヌ語を第一言語に――国立アイヌ民族博物館のアイヌ語」を参照。

では、「イタㇰ」（私たちのことば）、「イノミ」（私たちの世界）、「ウレㇱパ」（私たちのくらし）、「ウパㇱクマ」（私たちの歴史）、「ネㇷ゚キ」（私たちのしごと）、「ウコアㇷ゚カㇱ」（私たちの交流）の六つの大テーマにわけてアイヌの歴史や文化を紹介している。この大テーマはそれぞれ三つから五つの中テーマから構成されており、中テーマごとに民具、文書、絵画、映像などの資料が展示されている。この中テーマに付く展示解説文がアイヌ語、日本語、英語、中国語、韓国語で書かれており、基本展示室の主要な考え方を示す展示解説文として位置付けられている。

通常、博物館の常設の展示解説文というのは、館内職員によって執筆されることが多い。しかしながら、当館がオープンする以前の「国立アイヌ民族博物館設立準備室」（以下、「準備室」）の研究員や学芸員には、アイヌ民族にルーツを持つ人もいれば、そうでない人もおり、また、全員アイヌ語ができるというわけではなかった。こうした状況のなかアイヌ語による展示解説文を作成するためには、職員に限らず、館外の方々の協力を得て進めていく必要があった。

アイヌ語による展示解説文の執筆者は一〇代から七〇代（当時）の一六名で、アイヌ語の学習歴や学習方言も様々であった。これまで各地でフィールドワークをしてきたアイヌ語の研究者や有識者とペアを組んでもらい、データ提供をはじめとする助言や校閲を受ける形で執筆を進めてもらった。

展示解説文の作成は、準備室の職員が日本語で原案を作り、そこから重要なキ

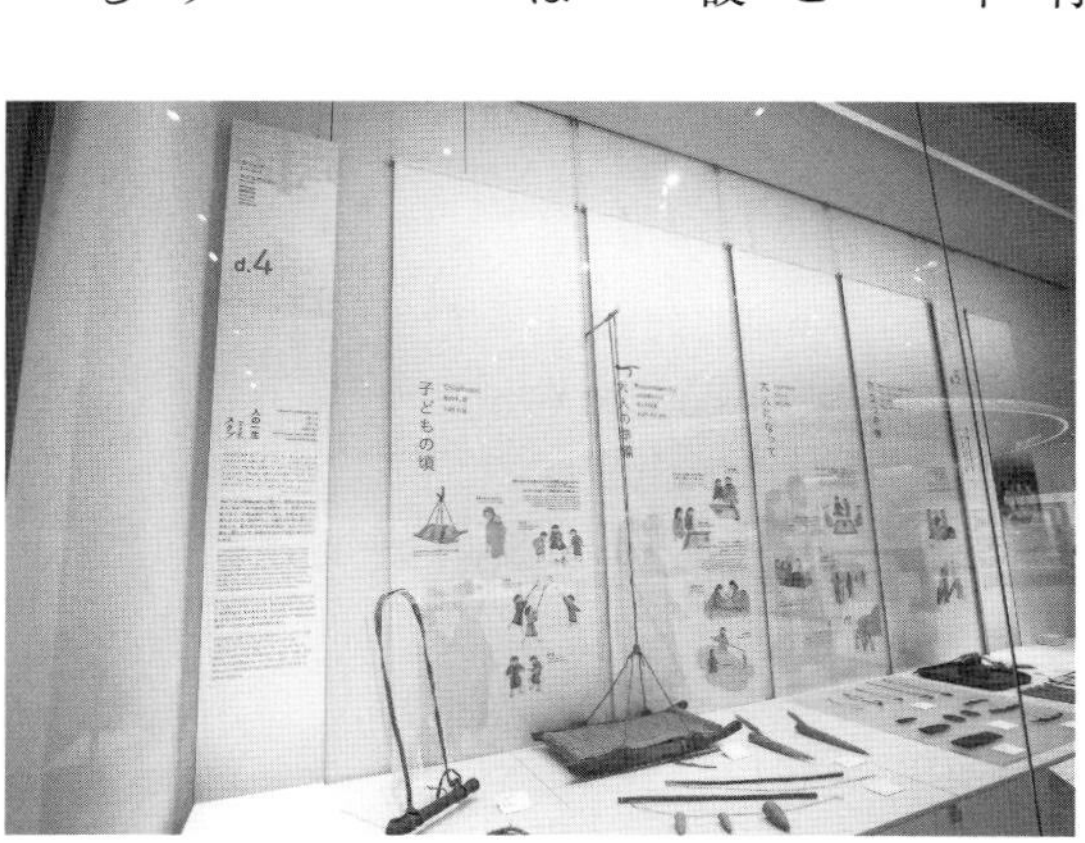

写真２　アイヌ語で書かれた中テーマ解説文：スクㇷ゚「人の一生」

ーワードを提示するということから始まった(9)。執筆者はそれらを材料として自ら選んだアイヌ語の方言で執筆するのだが、執筆者自身の考えや主張も展示解説文に盛り込んでもらったため、原案から内容も含めて大きく変わったものも少なくなかった。結果的に日本語の展示解説文はアイヌ語の展示解説文に沿って原案から翻訳し直したものとなり、名実ともにアイヌ語が第一言語となった(10)。

方言を一つに固定せず、各地の執筆者に展示解説文の内容も検討してもらったことで、この小さな展示室のなかに地域による多様性が表現されたことも良かった点であろう。このような過程のなかで作成されたということもあり、博物館では珍しいことであるが、執筆者名と方言がアイヌ語による展示解説文の後に明記してあるのも当館の特徴である。執筆者には、音声ガイドのなかでも各自が執筆した展示解説文のアイヌ語ナレーターとして活躍してもらっている。

アイヌ語による展示解説文のなかの「私たち」

当館の基本展示が「『私たちの』という切り口でアイヌの人々の視点で語る構成とする」ことは、二〇一五（平成二七）年の基本計画の段階から決まっていたことであった(11)。それでもなお、前述した各地のアイヌ語学習者との意見交換会では、アイヌ語による展示解説文で「私たち」という表現を用いることに異議が生じていた。当館で勤務するのはアイヌ民族だけではないというのがその理由であ

(9) 当初の進め方については、今後改善の余地がある。奥田は、「アイヌ語が第一言語」だとうたうならば、それにふさわしい文書作成・管理体制を確立することが必要であり、研究員、管理職あるいは関係省庁が日本語で原案を作りアイヌ語文作成者に翻訳させるという、アイヌ語の「博物館化」が起こらないようにすべきであると述べている（奥田統己「国立アイヌ民族博物館に期待するもの――博物館化と日本語直訳調のアイヌ語解説をどう克服するか」『北海道方言研究会報』九七号、二〇二一年）。

(10) アイヌ語による展示解説文作成にかかわる個別の事例については次も参照されたい。

佐藤知己「国立アイヌ民族博物館におけるアイヌ語復興の試みに関する簡潔な報告と今後の課題」『社会言語科学』第二四巻一号、二〇二一年。

深澤美香・naakay（中井貴規）「連載報告 多言語社会ニッポン アイヌ語：an=kor itak ani an=kor puri an=eisoytak（私たちのことばで私たちの文化を語る）」『ことばと社会』二三号、三元社、二〇二一年。

った。このような意見を受け、当初の日本語原案では「アイヌ民族」や「アイヌの人々」などという主語を用い、アイヌ語で執筆してもらう際にも「まずは人称接辞をつけない三人称の形で書いてほしい」とお願いをすることとなった。

アイヌ語は日本語と異なる文法をもっており、その最たる例の一つに、動詞には人称接辞をつけて主語や目的語の人称を表示するというものがある。例えば、日本語で「食事する」と言えば、文脈によって主語は一人称の「私たち」かもしれないし、三人称の「彼ら」かもしれない、あるいは別の解釈だってあり得る。いっぽうで、アイヌ語で「私たち」が主語の場合には、イペアン（ipe=an）、もしくはイペアシ（ipe=as）と言い、「彼ら」が主語のときはイペ（ipe）と言う。つまり、イペという動詞にアン（=an）やアシ（=as）のような一人称複数の主語を表す人称接辞をつけなければ、自動的に「彼らが食事する」という意味になってしまうのである。

しかし、いざ蓋を開けてみると状況は一転した。アイヌ語の執筆者から「三人称で書くと客観的になりすぎる」、「主語は『私たち』にしたい」、「視点はアイヌ自身に置くべきではないか」という意見が出てきたためである。最終的に、主語を三人称にするか一人称にするかは統一せず、各執筆者に任せることとなった。

深澤美香「国立アイヌ民族博物館とアイヌ語」『K』一号、研文社、二〇二一年。

（11）文化庁『国立のアイヌ文化博物館（仮称）基本計画』二〇一五年。

日本語に翻訳された「私たち」

現在の展示解説文では、アイヌ語で「私たち」と書かれていれば、日本語でもそのように翻訳している。日本語の展示解説文はアイヌ語の翻訳なのだから当然のことだが、準備段階ではすんなりと決まらなかった。「国立アイヌ民族博物館」としてどの位置／立場から「文化を書く」べきかという、いわゆるエスノグラフィー論において扱われてきたような問題が複雑に絡み合っていたからである(12)。

筆者は当時、早い段階で提出のあったアイヌ語原稿をもとに三種類の日本語翻訳原稿を作成し、準備室の研究員および学芸員にどれを採用すべきかアンケートを行った。

案①　できる限り主語（の属性）を明示しない。明示したい場合は「アイヌ民族」等を使用する。
案②　「アイヌの人々」等で明示する。
案③　アイヌの視点で「私たち」を使用する。

アンケートの結果、案③の「私たち」という表現を取り入れることは条件的に採用できるということになった。「私たち」を採用する理由としては次のとおりである。

(12) ジェイムズ・クリフォード、ジョージ・マーカス編『文化を書く』紀伊國屋書店、一九九六年。「ポジショナリティ（立場性）」については、藤田結子・北村文編『現代エスノグラフィー　新しいフィールドワークの理論と実践』新曜社、二〇一三年。

・当館の最大の特色は「私たちの」ではじまる展示構成であるため。
・アイヌの視点から考えるという当館のコンセプトを表すことになるため。
・当館ではアイヌ語が優先される言語なのだということを示すことになるため。
・日頃あまり意識しないかもしれない「私たちとは何か」という問いかけが、展示内容と合致するため。
・文責は当館にあるとはいえ、執筆者の意見を取り入れた展示解説文の主語・主人公はアイヌ民族になるため。

とりわけアイヌ民族としての意思や希望などが含まれる文章では、語りの主体もアイヌ語の一人称に合わせて「私たち」で表現するのが適切だとする意見が多かった。具体的には次のような場合である。

・「私たちのことば／世界／くらし／しごと」などのテーマで、アイヌ文化を主体的に紹介したほうがよい場合。
・アイヌ民族が自分たちをこのように表現したい、表象したいという文章である場合。
・（資料（史料）紹介などに関して）その語りの主体がアイヌ民族である場合。

それに対して、「私たち」という言葉で表現するのが困難ではないかという意見が出たのは次のような場合である。

・「私たちの歴史／交流」などのテーマで、考古遺物や他民族による記録等の文献を取り扱い、事実を紹介する場合。
・アイヌ民族の立場の他に、和人などアイヌ以外の人々の視点が錯綜し、語りの主体が複数いる場合。
・資料（史料）における語りの主体がアイヌ民族以外であり、主語を明確にしないと解説が混乱するような場合。

こうして、日本語の翻訳では「私たち」という表現を条件的に取り入れると決めたわけだが、先に述べたとおり、現在の展示解説文ではアイヌ語で「私たち」と書かれていれば日本語でも全て「私たち」と翻訳している。個別の資料につく解説文とは異なり、中テーマを紹介する展示解説文は、語りの主体が「私たち」でも読み手の理解を妨げることがほとんどなかったためである。さらに言えば、一人称から三人称に変更して文章から失われてしまうもののほうがあまりに大きかった。「私たち」という一人称の使用は、執筆者が自らを展示解説文の語りの

写真3　イタㇰ「私たちのことば」

主体に取り込むという行為である。いわば展示解説文が自らの立場と考えの表明の場にもなっている。その執筆者の意志を日本語への翻訳で台無しにすることはできなかった。

「アイヌ民族」と「アイヌの人々」、そして「明示しない」という選択

三人称で書かれているアイヌ語の展示解説文に関しては、三人称のまま翻訳をした。その際、研究員や学芸員などの意見をもとに、案②の「アイヌの人々」という表現は使用せず、案①のように主語（の属性）を明示しないか「アイヌ民族」という表現を使用することにした。「アイヌの人々」というのは、これまで公的な文章などで使用されてきた言葉で、常にマジョリティである和人の立場から書かれている。しかし、当館は職員や関係者、来館者にアイヌ民族をルーツに持つ人が少なからずいる。そのなかで「アイヌの人々」という第三者的な書き出しをすることには違和感があり、避けるべきではないかというのが前述のアンケートで大方の意見であった。北海道観光振興機構アイヌ文化分科会ワーキンググループが二〇一九（令和元）年に発行した『アイヌ文化・ガイド教本』においても次の指針が示されている。

現在ではアイヌ民族は、再び《アイヌ》という誇りのある言葉を使うよう

になってきました（北海道ウタリ協会も二〇〇九年に、再び北海道アイヌ協会という名称に変更しています）。行政や報道では「アイヌの人々」と表現されることもありますが、一個の民族集団であることを明確にするためにも「アイヌ民族」と表現することが望ましいでしょう。(13)

また、消極的な選択のように聞こえるかもしれないが、三人称で書かれた展示解説文には、主語（の属性）、つまりアイヌ民族であるかどうかを「明示しない」という方法も積極的に採用している。同様の考え方で、資料名などが書かれた当館のキャプションでは「地域に生きる人々の歴史」などと書かれ、その「人々」がアイヌ民族であるとは明示していない。和人などアイヌ民族以外の資料であれば明示するとしても、アイヌ民族の資料については自明であるがゆえに明示する必要はないという考え方である。この考え方について、北原（二〇二二）では次のように説明される。

一般に多数派は「ふつう」、少数派は「特殊」に感じられ、言葉にもその感覚が現れます。例えば女性の医師を「女医」と呼びますが、男性の医師は「男医」ではなく単に「医師」「医者」と呼びます。（中略）男性であることがふつうだと考えられていれば、わざわざ「男」と表さないのです。「東京在

（13）北海道観光振興機構アイヌ文化分科会ワーキンググループ編『アイヌ文化・ガイド教本』、二〇一九年、三―四頁、https://visit-hokkaido.jp/ainu-guide/ainu_guide.pdf（閲覧日　二〇二二年八月一七日）

住のミュージシャン」や「大学の教員」と言った場合、その人は和人だと理解され「和人ミュージシャン」や「大学の和人教員」とは言いません。その人がアイヌである場合には「アイヌ民族のミュージシャン」や「アイヌ民族出身の大学教員」と言うでしょう。(14)

「明示しない」という選択が、和人の来館者にとっては「ふつう」ではなく、わかりにくいという意見もあるだろう。しかし皮肉にも、当館がアイヌ民族の視点を「ふつう」としたことで、マジョリティ側に経験しがたい違和感を提供できたのだとすれば、この選択には意味があったということになる。

「私たち」のさらなる区別

日本語による展示解説文には、反映しきれなかった「私たち」のさらなる区別がある。アイヌ語の北海道方言には、「私たち」に二種類の表現方法が見られるのである。一つは「一人称複数包括形」の人称接辞、もう一つは「一人称複数除外形」の人称接辞である。(15) 前者は「聞き手を含む私たち」つまり「私とあなたと、彼(ら)」を表し、後者は「聞き手を含まない私たち」つまり「私と彼(ら)」を表すと通常は説明される。ここでは実際の形式に合わせて前者を「ア系」、後者を「チ系」と呼ぶことにする。(16)

(14) 北原モコットゥナシ『つないでほどく　アイヌ／和人』北海道大学アイヌ・先住民研究センター、二〇二二年、二七―二八頁。

(15) 一人称複数包括形の人称接辞「ア系」は、①ア(ン)(a(n)=)と②アン(=an)。一人称複数除外形の人称接辞「チ系」は、①チ(ci=)と②アㇱ(=as)である。これらの人称接辞は、他動詞の主語であれば動詞の前につき(①の形)、自動詞の主語であれば動詞の後ろにつく(②の形)。

(16) 田村すず子「アイヌ語」(亀井孝他編『言語学大辞典』第一巻)三省堂、一九八八年。

このような二種類の「私たち」について、前述のアイヌ語の委員会では次のような意見が出ていた――チ系の「私たち」を使用してしまうと、来館者にアイヌ民族がいた場合に疎外感を与えてしまわないか。しかし、ア系にしてしまうと、他の立場の人も含めた「私たち」になり、これも落ち着きが悪い。それならば、もう割り切って三人称で書いてしまってはどうか――。

ここで問題になるのはアイヌ語のチ系の本来の用法である。来館者側のアイヌ民族は、聞き手（読み手の「あなた」）として本当に除外されてしまうのか。来館者が自らを「私たち」の一部とみなし解説文を読むことはありえないのか。委員会ではこうした疑問が提示されたが、実際の用法がどうであれ、これまで習ってきたチ系の用法とは異なるためアイヌ民族の来館者が除外された気分になるかもしれないという意見も出され、状況はより複雑であった。

実は、最近の沖縄語今帰仁謝名《なきじんじゃな》方言の研究では、これまで除外形と考えられていたものに、まさにここで求めていた用法が見つかったという報告がある。[17] 要するに、和人である「彼ら」に対して、アイヌ民族である来館者の「あなた」を「私たち」に含めるという用法である。実は、単に見過ごされてきただけで、アイヌ語北海道方言のチ系にもこうした用法が（限定的な地域の方言として）あったかもしれない。

しかし最終的に、委員会としては「アイヌ民族」を示す「私たち」を表現する

（17）例えば、試合前のグラウンドで、監督が敵チームを指しながら自分の選手たちに向かって「私たちはあいつら（Bチーム）には負けないぞ！」という場合、この「私たち」にこれまで除外形と考えられていた形式が使用されたということである。これを下地は、三人称の「彼ら」と対立する形で「私たち」が使われる点で人称対立性があるとし、「対立包括」という用語でもって説明している（下地理則「北琉球沖縄語今帰仁謝名方言における2種類の「私たち」と除括性（clusivity）」『コーパスからわかる言語変化・変異と言語理論3』開拓社、二〇二二年）。

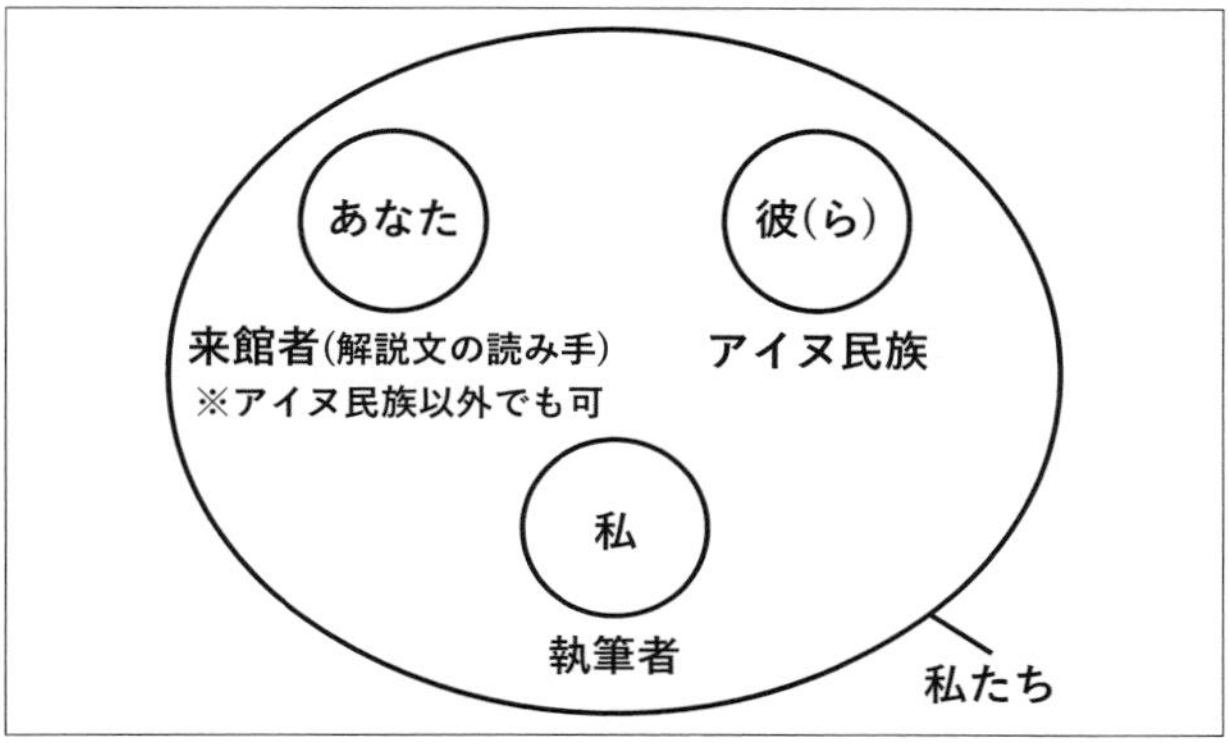

図1　ア系（一人称複数包括形）の「私たち」の用法

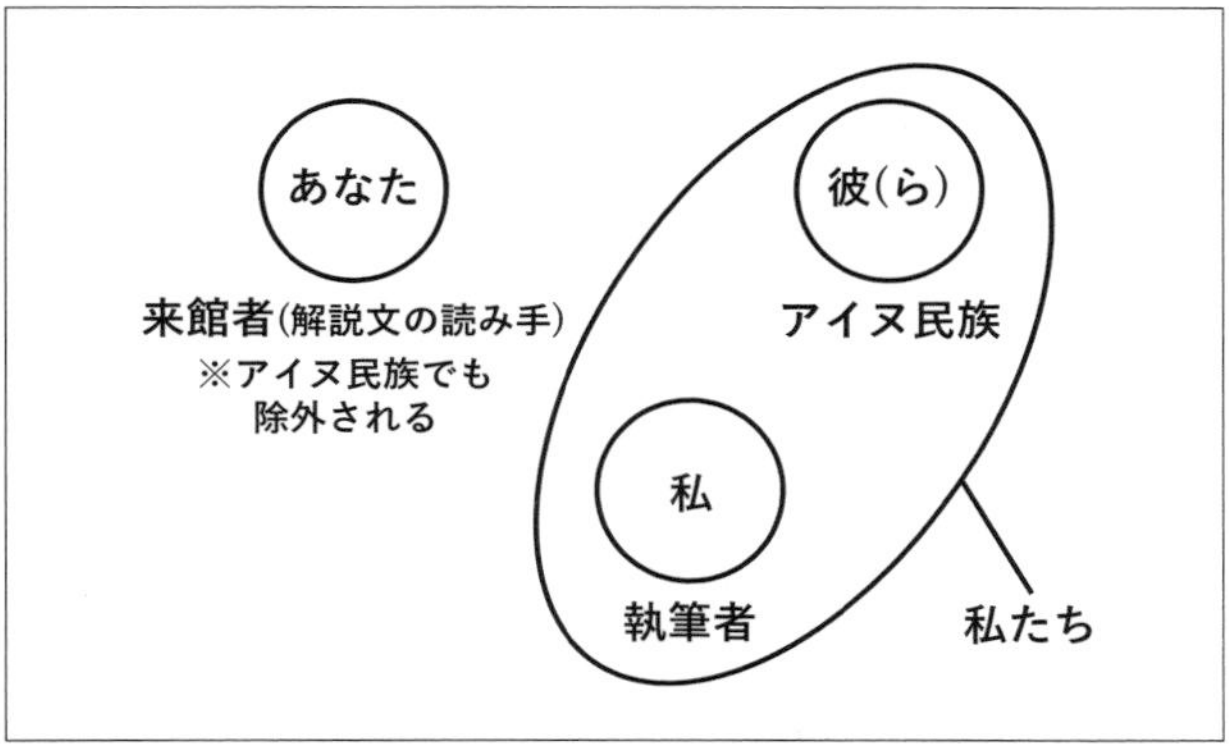

図2　チ系（一人称複数除外形）の「私たち」の用法【現在知られている用法】

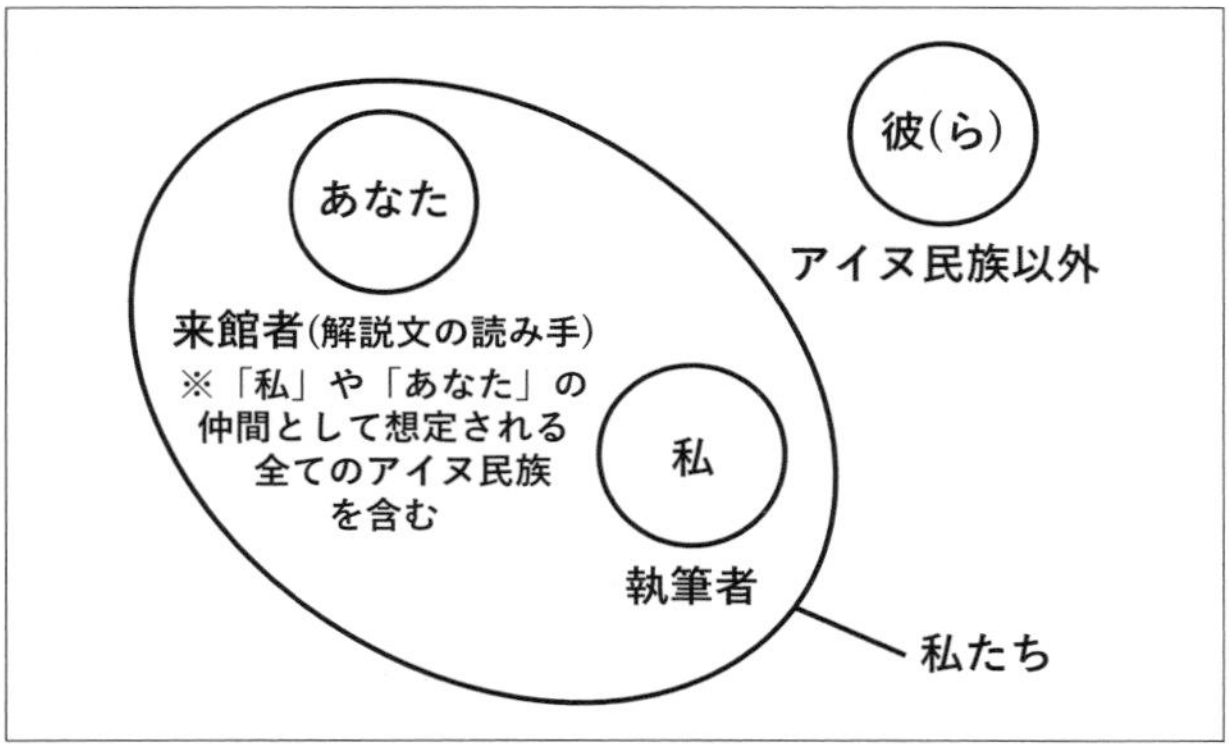

図3　チ系（一人称複数除外形）の「私たち」の用法【可能性がある用法】

ためにはア系で語るのが自然であろうとおおむね結論づけられた。ア系は、「一人称包括」の意味だけではなく、受け身文をつくることができ、さらに、自分の体験以外の話や昔話を語るときなどにも使用できるからである。(18)

執筆者にはこうした委員会での議論を伝えたうえで、ア系とチ系を自由に選んでもらうことにした。その結果として、ア系とチ系のどちらのタイプの「私たち」も展示解説文に登場することとなった。もちろん、チ系を使って展示解説文を書いた執筆者も、アイヌ民族の来館者を除外するなどということは希望していない。あくまでもチ系の「私たち」が表しているのは、多くは和人である「彼ら」に対して、アイヌ民族の「私たち」である。それがもし既存のアイヌ語にはない用法であったならば、展示解説文に使用されるようになったアイヌ語が、この現代に生み出した新たな用法と考えればよい。また、もし実際に伝統的なアイヌ語にもある用法だったとすれば、これまでのほうがむしろ現代的な用法に縛られていたのだということを認め、今後のアイヌ語教育のなかで改善すればよい。その記録を残すのが筆者の、そして国立アイヌ民族博物館の役目である。

まとめ――展示解説文の視点と「私たち」

展示解説文の主語の判断は一見すると文字面のことのように思えるかもしれない。しかし、執筆者から出てきた意見のとおり、これは単なる文字面の問題では

(18) これは坂田が述べる「語りの人称」にすべきだという見解とも一致している（坂田美奈子「先住民史への模索――国立アイヌ民族博物館の歴史展示」『歴史学研究』第一〇二四号、績文堂出版、二〇二二年）。なお、ア系には一般的な人を表す不定人称の用法も存在する。

なく、文章を書く視点の問題である。例えば、アイヌ民族を「自らとは切り離した他者」とする視点から書かれた文章の場合、「アイヌ民族」という三人称の主語から「私たち」という一人称の主語に置き換えるだけでは調整が済まないことは多い。主語を置き換えた途端、一つの文章のなかで二つの視点がせめぎ合い、多分に違和感を与える文章となってしまうからである。いっぽう、「私たち」のことばであるアイヌ語で執筆した展示解説文は、「私たち」という視点とコンテクストに支えられ、日本語原案からはるかに説得力を与えるものとなっていたことは言うまでもなく、そのことはアイヌ語による展示解説文に合わせて日本語に翻訳し直す過程で特に実感するものであった。

ウポポイのオープン以降、当館にはアイヌ語に関する問い合わせが数多く寄せられている。「○○はアイヌ語で何と言うのか」、「○○をアイヌ語で名づけたい」、「○○はアイヌ語由来なのか」……。このような質問や依頼は絶え間なくあるもので、アイヌ語への関心が高まっているという意味ではとても喜ばしいものである。とはいえ、国立の施設であるという責任の大きさが足枷となって調査や検討に時間がかかり、簡単に応じられないことも多い。それがときに行動力の欠如として映ってしまうこともいっそう悩みの種になっているのだが、それはいずれまた振り返りたいと思う。少なくとも、当館の展示解説文はそれほど単純な試みではなかった。アイヌ語を愛する多くの人たちの意志に支えられ、数々の議論と検討を踏まえて出来上がったものである。そのひとつひとつの展示解説文に込められた執筆者の意志と選択にもぜひ注目してもらえれば幸いである。

参考：準備室職員へのアンケートの内容（日本語翻訳案は当時の筆者（深澤）による）

展示解説文が属する大テーマ「私たちのくらし」

中テーマ解説文のタイトル「先祖の心を着物とともに取り戻す」

案①　できる限り主語（の属性）を明示しない。明示したい場合は「アイヌ民族」等を使用する。

儀式のときには、年配者に着物を着せるのが子どもの役目です。おじいさんの背中で着物の紋様が動き、神々へ感謝している様子がわかります。着物や首飾り、耳輪などが子や孫へと大切に受け継がれ、いっぽうで、同化政策が先祖の文化を覚えられない悔しさをもたらしました。同じことを繰り返さないよう、皆で考えていくことが求められています。

案②　「アイヌの人々」等で明示する。

儀式のときには、年配者に着物を着せるのが子どもの役目です。おじいさんの背中で着物の紋様が動き、神々へ感謝している様子がわかります。アイヌの人々は、着物や首飾り、耳輪などを大切に受け継いできましたが、同化政策によって先祖の文化を覚えられず、悔しい思いも経験しました。同じことを繰り返さないよう、皆で考えていくことが求められています。

案③　アイヌの視点で「私たち」を使用する。

儀式のときには、年配者に着物を着せるのが子どもの役目です。おじいさんの背中で着物の紋様が動き、神々へ感謝している様子がわかります。私たちは、先祖から着物や首飾り、耳輪などを大切に受け継いできましたが、同化政策によって先祖の文化を覚えられず、悔しい思いも経験しました。同じことを繰り返さないよう、皆で考えていくことが求められています。

参考：アンケートに用いた展示解説文の原稿（日本語直訳は筆者（深澤）による）

「イミトゥラノ　シンリッ　ケウトゥム　ペウレウタラカ　ヤイコロパレ」
（着物とともに　先祖の　心（を）　若いひとたちも　自分に持たせる）

カムイノミ　エトコタ
（儀式　の前に）

エカシ　フチ　チカラカラペ　アンミレクス
（おじいさんや　おばあさん（に）　着物（儀礼の服）を私たちが着せるために）
ポンヘカッタラカ　アンウイテク[19]。
（小さい子どもたちも　私たちは使った。）
エカシ　セトゥル　ペカ　モレウ　モイモイケワ
（おじいさん　の背中　で　渦巻きもんよう　が動いて）
クス　カムイコヤイライケイ　アネラムアン[20]。
（それで　カムイに感謝していること（を）　私たちはわかった。）
イミネヤッカ　タマサイカ　ニンカリカ
（着物でも　首飾りも　耳輪も）
エカシ　フチ　コロワ　オカイペ
（おじいさんや　おばあさん　が持って　いたもの（を））

（19）「儀式の前におじいさんやおばあさんが着物を着せられるために、小さい子どもたちも使われた」のように受け身文として考えることや、一般的な人（不定人称）を主語として考えることが可能な文である。

（20）ここの「私たち」が主語の文についても、受け身文や「儀式の様子がわかる一般的な人」という不定人称が主語になる文として解釈ができる。

アネヤㇺノ　アイシッカㇱマ。[21]
（大切に　　私たちが保管している。）
シンリッ　プリ　　アネランペウテㇰワ[22]
（先祖の　　文化　　を私たちは覚えられず）
シサㇺ　イレンカ　ユプケ　　アコロカ
（和人　　の決まり　が厳しかっ　たけれど）
エネ　アン　ヤヨマㇷ゚　　　テウンノ　オカ　ヘカッタㇻ　ソモキクニネ
（このように　悔しく思うこと（を）　これから　いる　子どもたち　がしないように）
アイヌカ　シサㇺカ　ウコラㇺコロナンコンナ。
（アイヌも　和人も　　ともに考えましょう。）
（執筆者：小川早苗、静内・三石方言）

(21) 受け身文や不定人称が主語になる文としても考えられる。
(22) 同右。

column

フチへの想い

押野朱美、秋山里架

私たちは双子の姉妹です。幼い頃からフチ（おばあちゃん）の影響でアイヌ文化に慣れ親しんできました。フチは私たちがアイヌ文化を語るうえで欠かすことのできない存在です。

フチの名前は吉村冬子といい、北海道むかわ町に生まれ、先祖代々同じ土地に住み続けてきたアイヌです。二〇二二年に残念ながら亡くなってしまいましたが、私たち姉妹は物心ついた時から一緒にアイヌの歌や踊りを練習したり、地元の文化伝承や普及活動がある度に連れて出かけてくれました。家ではフチが体験してきた話を聞かせてくれました。そういった話が私たちのアイヌ文化への想いの原点になっています。

たびたび、「もうアイヌはいないんでしょう?」と耳にすることがありますが、このコラムを通して今でも文化伝承が続いていること、そして私たちにアイヌ文化を教えてくれたフチがどんな人だったのか、教えてくれているときはどういう気持ちだったのかを、私たちの目線で語っていきたいと思います。このコラムを通じて、今でも続いている私たち家族の温かみを感じ取っていただけると嬉しいです。

冬子フチは、一九二六（大正一五）年、父・小石川サㇺクシテ、母・チヨの間に生まれました。フチが幼い頃、近所に住む大人たちはアイヌ語で会話ができていたようです。大人が使う言葉にフチは憧れをもっていたそうですが、フチの両親から「お前の時代にはアイヌ語は必要ない」と言われていたこともあり、親子間での会話は日本語が主だったようです。フチは両親から言われた言葉に対して「どうして自分だけが使えないいんだ」と悔しい気持ちでいっぱいだったそうです。しかし、親戚や近所の大人が遊びに来ると、囲炉裏を囲んで楽しそうにアイヌ語が混ざった世間話や物語を聞くことがあったそうで、それが幼少期の楽しみであり言葉を覚える場所でもあったそうです。

フチが六〇代の頃にアイヌ語研究者が訪れてきました。その研究者はアイヌ語の鵡川《むかわ》方言や伝承をフチから聞き取りをしました。フチは家庭を持って生活していくことに必死になり、アイヌ語を意識することは減っていったそうですが、昔を思い出しながら研究者の聞き取りに応えていると、フチの記憶もよみがえり、言葉の発音や暮らしの中で見聞きしたものの鮮明さに研究者は驚くほどだったようです。フチはこれがきっかけとなり、歳をとってからの活動になりますがアイヌ文化の復興に力を注いでいきます。

その頃に誕生したのが私たち姉妹です。私たちの父親が若くして亡くなってしまったこともあり、母方の冬子フチと一緒に過ごすことが多くなりました。最初にお話ししたように、物心ついた時にはフチに連れられてアイヌの歌や踊りの練習に参加していました。アイヌ語研究者とフチの聞き取りも間近で見ています。

子供は私たち二人だけでお年寄りの多い地域に暮らしていたので、フチ以外の人たちからアイヌ語や子守歌を教えてもらったこともあります。幼い子供がアイヌ文化に携わっている姿を見て、お年寄りたちは嬉しかったのでしょう。そういった恵まれた環境で私たちはアイヌ文化を身に付けることができたので、文化伝承に携わることは当たり前だと思って過ごしていました。

しかし、小学生の時に「アイヌ」だと馬鹿にされたことがあります。当たり前だと思ってきたことが否定されたようで、泣きながらフチのところへ行くと、「言われたら言い返せ」と怒られました。フチも自分がアイヌであることで私たちよりも辛い経験をしています。だから私たちが「アイヌ」だと馬鹿にされた時の気持ちは痛いほどわかってくれたと思いますが、そこで慰めてもまた同じことは必ずあるので、「強い気持ちを持ってほしい」という思いを込めて私たちに怒ってくれたのだと感じています。

私たちはフチのおかげで今でも強い気持ちを持ちながら、またアイヌであることに自信を持ちながらウポポイで働くことができています。

フチは自身の体験を通して人としての考え方や道徳心を育ててくれました。このコラムではあまり紹介していない私たちの母も、当然ながらフチの考えを引き継いでおり、家族で受け継がれている「心」はありのままのアイヌ文化です。文化を残すために言葉や知識、技術は重要ですが、私たちの子供には「心」の部分をしっかり伝えたいです。そして私たちの家族の伝統を守り続けていきたいです。

こういった家族の想いは、私たちだけではなく、アイヌ民族だからではなく、世界共通のどんな人にも関わる大切なことです。最後まで読んでいただいた人の心に少しでも触れることができたら嬉しいです。

写真　フチに会いに行った時の様子　左から冬子フチ、筆者の子供たちと母（個人提供）

第三部　博物館展示のこころみ

第五章　アイヌ文化を博物館に表象する
――国立アイヌ民族博物館の展示手法について

佐々木史郎

はじめに

二〇二〇（令和二）年七月に開館した国立アイヌ民族博物館は、日本列島北部周辺、とりわけ北海道の先住民族であるアイヌ民族の文化（以下「アイヌ文化」とする）について、展示、調査・研究、収集・保存、教育・普及、人材育成といった活動を行う博物館である。アイヌ文化やその他の世界の先住民族の文化を展示する博物館は日本には他にもあるが、この博物館は国が主体となって、先住民族アイヌの文化の復興と新たな創造を推進することを目的として設置、運営する（実際には文化庁が設置し、運営を指定した財団法人に委託している）という点で特異な博物館である。

国立アイヌ民族博物館は、北海道白老郡白老町に設立された民族共生象徴空間

（以下ウポポイとする）の中核施設の一つである。そこには他に国立民族共生公園と慰霊施設という二つの中核施設がある。二〇一六（平成二八）年に作成された『「民族共生象徴空間」基本構想（改定版）』[1]では、この博物館の機能として展示・調査研究、文化伝承・人材育成、体験交流、情報発信、精神文化尊重といった五項目が挙げられている。なぜ二一世紀に入って国がアイヌ民族を「先住民族」であると認め、さらに「アイヌ文化復興等に関するナショナルセンター」としてウポポイのような施設を開設したのかということについては、二〇〇九（平成二一）年に公表された「アイヌ政策のあり方に関する有識者懇談会」の『報告書』以来、政府が設置した会議、委員会、作業部会などの審議機関の報告書に述べられ、また筆者自身も最近の論考でその点について検討したので[2]、ここでは触れない。

ただ、改めて強調しておきたいのは、アイヌ文化の展示、調査研究等に特化した国立博物館建設の背景には、日本という国がアイヌ文化やそれを担うアイヌ民族に対する認識をこの三〇年あまりの間に大きく転換したということがありそうだということである。

アイヌとその祖先を含む北方の「蝦夷《えぞ》」に対する認識は、中世以来「穢れ」という概念と結びつけられており、近代以降は歴史学や人類学といった学術分野が「未開」、「非文明的」、「過去の遺物」というイメージを増幅してきた。二〇世紀末の段階ですら「歴史的遺産として貴重である」[3]という認識が主流だった。

（1）アイヌ総合政策推進会議『「民族共生象徴空間」基本構想（改定版）』二〇一六年、一〇頁、https://www.kantei.go.jp/jp/singi/ ainusuishin/pdf/kousou20160726.pdf（閲覧日　二〇二二年一二月二六日）

（2）佐々木史郎「国立アイヌ民族博物館の設立と果たすべき役割」『国立アイヌ民族博物館研究紀要』一号、二〇二二年。

（3）ウタリ対策のあり方に関する有識者懇談会『ウタリ対策のあり方に関する有識者懇談会報告』一九九六年、三頁、https://www.mlit.go.jp/common/000015022.pdf（閲覧日　二〇二二年一二月二六日）

そのような認識が大きく転換したことを示すのが、二〇一一（平成二三）年に出された『「民族共生の象徴となる空間」作業部会報告』に表れる「我が国の貴重な文化でありながら存立の危機にあるアイヌ文化」[4]という表現である。これは、この報告書を作成した委員たちがアイヌ文化を、過去、現在、未来を問わず、日本という国家が有する貴重な文化であると認識していたことを意味している。詳しくは後で触れるが、「アイヌ文化復興等に関するナショナルセンター」を国が整備し、その中に国立博物館を設立しようとするという動きの背景には、このような変化もあったと見ることができる。

それでは、先住民族の文化であり、「我が国の貴重な文化」でもあるアイヌ文化を国立博物館はどのように扱うべきなのか、あるいは現在どのように扱っているのだろうか。本稿ではそのような問題を、博物館の六つの機能（展示、調査・研究、教育・普及、人材育成、収集・保存・管理、ネットワーク構築）の中から展示を取り上げ、そのなかでも展示手法に焦点をあてて考えていきたい。

国立アイヌ民族博物館の展示の基本方針

国立アイヌ民族博物館の展示の方針は、『「民族共生の象徴となる空間」における博物館の基本構想』（二〇一三年、以下『基本構想』）、『国立のアイヌ文化博物館（仮称）基本計画』（二〇一五年、以下『基本計画』）、『国立アイヌ民族博物館展示計画』（二

（4）アイヌ政策推進会議「民族共生の象徴となる空間」作業部会『「民族共生の象徴となる空間」作業部会報告書』二〇一一年、一頁、https://www.kantei.go.jp/jp/singi/ainusuishin/shuchou-kukan/houkokusho.pdf（閲覧日　二〇二二年一二月二六日）

○一六年、以下『展示計画』）と段階を経るごとに具体化し、その輪郭が明確になっていく。

『基本構想』の段階では、「実物資料、映像音響資料、文書史資料や図書等の博物館資料（デジタル化されたものを含む）」と展示する資料の種類を漠然と示しているだけであり、「アイヌ文化の担い手との十分な連携」や「協働体制」の構築、他館からの資料の借用、国内外の博物館とのネットワークの形成と活用、展示の長期固定化防止と可変性の向上といった基本的な方針を列挙しているに過ぎない[5]。

『基本計画』になるとより具体化する。展示する資料は、「実物資料，写真，動画等の映像資料，音声資料，図書資料等」であり、展示コンセプトに合わせて「複製・模型等の活用，最新の映像・情報技術の導入，ハンズオン展示」といった各種展示手法や技術を導入するなどといったことも指示されている。展示の種類も「総合展示」と「特別展示」に大別し、前者には「基本展示」、「子供向け展示」、「シアター」、「テーマ展示」が含まれるとする。「展示の特色」としては「可変的でフレキシブルな展示形態や展示システム」を採用すること、「解説パネルやサインには、アイヌ語、日本語、英語のほか必要に応じて多言語に対応する」こと、「ハード・ソフト両面からユニバーサルデザインに配慮」すること、「ネットワークを活かした展示会や巡回展を企画・実施し、象徴空間中核区域全体とも有機的

（5）「民族共生の象徴となる空間」における博物館の整備・運営に関する調査検討委員会『「民族共生の象徴となる空間」における博物館の基本構想』二〇一三年、六頁、https://www.bunka.go.jp/seisaku/bunkazai/ainu/minzoku_kyosei_keikaku/hakubutsukan_koso/pdf/koso.pdf（閲覧日　二〇二一年一二月二六日）

なつながりを持った活動を行う」ことが挙げられている。(6)

『展示計画』になると、『基本計画』で指摘されたことがよりきめ細かく決められていく。すなわち、「Ⅱ．国立アイヌ民族博物館の展示ついて」において、「1．基本的な考え方」、「2．対象とする地域・視点」、「3．対象とする時代等」、「4．展示の特色」、「5．展示の形態」、「6．展示の資料・手法について」、「7．展示解説について」、「8．展示ケースについて」といった項目でそれぞれ改めて具体的な内容が記されている。(7)「展示の特色」と「展示の形態」は『基本計画』に記されていたこととほぼ変わりないが、総合展示の中で独立した展示室での展開が想定されていた「子供向け展示」が「基本展示」を構成する要素にされた。それは博物館の建物の総床面積が八六〇〇平方メートルとかなり小ぶりなものとされたことが一因である。この子供向け展示は、利用者を子供に限定しない体験型展示コーナー（「探究展示テンパテンパ」）として整備されていくことになる。

「展示の資料・手法について」では資料の種類がさらに細かく指定されている。すなわち、「考古資料，歴史資料，絵画資料，民族資料，文書資料，現代の美術・工芸作品，及びそれらの材料・素材等」と「アイヌ文化等に関する写真，動画等の映像資料，音声資料，図書資料等」を収集し、展示すると決められた。また展示手法では、「展示コンセプトと資料の特性」に応じて「ケース展示」と「露出展示」を使い分けることとされ、ハンズオンなどの「体験型の展示手法」との組

(6) 文化庁『国立のアイヌ文化博物館（仮称）基本計画』二〇一五年、三一四頁、https://www.bunka.go.jp/seisaku/bunkazai/ainu/minzoku_kyosei_keikaku/pdf/kokuritsu_kihonkeikaku.pdf（閲覧日　二〇二二年一二月二六日）

(7) 文化庁『国立アイヌ民族博物館展示計画』二〇一六年、二四頁、https://www.bunka.go.jp/seisaku/bunkazai/ainu/museum_tenjikeikaku/pdf/tenjikeikaku.pdf（閲覧日　二〇二二年一二月二六日）

み合わせが指示された。さらに、複製・模型等の活用、最新の映像・情報技術の活用にも言及している。(8)

展示解説についての細かい指示もなされている。そこでは展示解説とは「展示を補完する」ものであり、障がい者への対応、複数の解説レベル（大人用、子供用など）の設定、多言語対応、音声・映像装置の活用、音声ガイド機の貸与や来館者の携帯端末を通じた音声解説の提供、館員による展示解説の実演の必要性などが指摘されている。(9) さらに、「展示ケース」についての細かい指示も見られる。壁付展示ケースと単体展示ケースの設置、その種類・数量・配置の検討、安全性（特に災害時の備え）と保存環境への配慮、ガラスの質の確保（高透過性と高強度）、展示資料や環境を考慮した気密性やケース内空調の整備と照明、転倒防止策の検討、開口部の位置など細かい点まで指示されている。(10)

博物館の『基本構想』、『基本計画』、『展示計画』に見られる展示の手法についての方針をまとめると、展示する資料は「考古資料，歴史資料，絵画資料，民族資料，文書資料，現代の美術・工芸作品，及びそれらの材料・素材等」と「写真，動画等の映像資料，音声資料，図書資料等」、および複製、模型類であり、それらを「ケース展示」と「露出展示」、さらには「体験型の展示手法」を組み合わせて展示するということになる。ケース展示で使用される展示ケースの性能や仕様については、国立文化財機構所属の国立博物館で使用されているケースの条件

(8) 文化庁『国立アイヌ民族博物館展示計画』二〇一六年、三頁。

(9) 同右。

(10) 文化庁『国立アイヌ民族博物館展示計画』二〇一六年、四頁。

を満たす必要があるといいかえることもできるだろう。そこに文字や図、写真を載せたパネルによる解説と、音声解説、さらには館員による肉声の解説を交えて展示を補完し、理解を促す。また、年齢、障がいの有無、言語・文化的背景の違いなどによらず、より多様な人々に展示を理解してもらうための工夫も積極的に施すということになる。

国立アイヌ民族博物館の展示方針の特徴

（一）展示手法

このような基本方針のもとに設計され、施工された国立アイヌ民族博物館の展示は、基本展示室、特別展示室ともにケース展示を主体として、そこに展示資料の性質と展示目的に応じて露出展示と体験型展示を交えるという構造になっている。約一二五〇平方メートルある基本展示室と一〇〇〇平方メートルある特別展示室で、ケース展示と露出、体験型展示の比率がそれぞれどの程度あるのか、数値で示すのは難しいが（面積比なのか点数比なのかによっても異なる）、両展示室ともに基本的には資料をケースに入れて展示するのが主流で、大部分を占める。基本展示室内での露出展示は、大型でケースに入らないもの（例えば、「私たちの世界」のコーナーにある樺太アイヌのクマつなぎ杭、「私たちのくらし」のコーナーにある織機、編み機類、「私たちの交流」のコーナーにある厚岸町出土の板綴船）か露出展示でも資料の保

写真1　基本展示室全景

存上の問題が少ないもの（「私たちのくらし」の屋内調度品の一部、「私たちのしごと」のコーナーの伝統的な仕事を再現したマネキンなど）である。これらの資料は状態と展示目的を考慮して露出展示としている。また、特別展示室でも同様の理由でもって露出展示としたものもあった。（写真1、写真3、写真4を参照）

体験型展示は『基本計画』で触れられていた「子供向け展示」から変更されて登場した「探究展示 テンパテンパ」である。詳しくは第三部のコラムに譲るが、二基のＬ字型テーブルと「私たちの交流」の近くの三角コーナーに設置されたこの展示は、手にとって操作したり、感触を確認したりすることを主目的とした展示品が用意されている。（写真2を参照）

このようなケース展示が主流となっている主な理由は資料の保護である。そこには展示される資料は「文化財」であるという考え方の存在がうかがえるが、そのことについては後で詳しく論じることにする。

（二）展示資料

『展示計画』で詳しく示されているように、この博物館で展示される資料は考古資料、歴史資料、絵画資料、民族資料、文書資料、現代の美術・工芸作品、及びそれらの材料・素材等とアイヌ文化等に関する写真、動画等の映像資料、音声資料、図書資料等である。原則的にそれらは「現物」、すなわち新旧を問わず制

写真2　「探究展示 テンパテンパ」

作された当時のオリジナルであることが前提となっている。しかし、さまざまな理由によってオリジナルの資料を展示できない場合もある。その時には複製あるいは再現した資料、あるいは参考となる資料を展示することがある。そのことについて博物館のホームページの「よくある質問」というページで、展示されている資料が古いものだけでなく、新しく制作されたものが少なからず含まれていることについて、次の三つの理由を挙げている。[11]

（1）現存する資料が限られており、すでにその製作技術等が現代のアイヌ民族に伝わっていないこともあります。そうした資料をアイヌ民族自身が調査、研究し、復元資料を製作して、博物館の展示に活用しています。このように博物館を伝承活動の場として活かすことも、博物館の目的とするところです。

（2）また、現存していない、あるいは数が限られており、当館では所蔵していない資料などは、現代のアイヌ民族の生活で使われているものなどを参考資料として展示している場合もあります。

（3）そして、現代の工芸家やアーティストのみならず、様々な職業についているアイヌ民族が製作したものや、使用しているものを展示しています。

写真3　「私たちの交流」にある板綴舟（厚岸町所蔵）

（11）国立アイヌ民族博物館ホームページ「よくある質問―アイヌの歴史・文化の基礎知識」https://nam.go.jp/inquiry/#q3-（閲覧日　二〇二二年一二月二六日）

（1）は複製あるいは再現した資料を使う理由である。現物が他館にしかなく、しかも保存状態などのために借用できない時には複製を作って展示することは多くの博物館で行っている。国立アイヌ民族博物館でも歴史文書や考古学資料等の複製を作成して展示している。また、現物は既に失われたが、絵画や写真、民族誌記録、あるいは人々の記憶に残されているものについては再現模型を作成する。大きさの問題があって実物大で再現できない場合には縮小模型を作る。「私たちのくらし」のコーナーにある樺太の半地下住居の模型や「探究展示 テンパテンパ」にある二基のジオラマがそれに当たる。

現物は博物館などに残されてはいるが、形を再現するだけではなく、その製作技術まで復元し、後世に伝えたい場合には、製作過程から再現した資料を作成する。その代表的なものが「私たちの世界」のシンボル的な展示である樺太アイヌのクマつなぎ杭とクマの飾りである。杭は二〇世紀初頭に民族学者によって撮影された写真（ポーランド出身の民族学者ブロニスワフ・ピウスツキが一九〇二年に樺太東海岸で撮影）やその他の民族誌の記録から再現した。飾りは国内外の博物館に収蔵されていた資料を精査して、その製作技術から復元した。いずれもアイヌ文化の伝承者と研究者の協力によって製作したものである。また、プラザ展示の入口近くや「私たちの世界」にあるイナウ、クマの霊送り儀礼でクマの霊魂と一緒に送

写真4　「私たちの世界」にある樺太アイヌのクマつなぎ杭

られるイモカシケ（クマに持たせるお土産）、あるいはヌサ（祭壇）なども再現した資料である。複製・模型展示と再現展示の違いは、後者が儀礼や生活の場で実際に使えるもの、すなわち「実物」であるというところになるだろうか。

新しく制作された資料は古びた資料に比べると価値がないように見られてしまうことが多い。しかし、再現展示の資料は実物、つまりアイヌ文化伝承者が作ったオリジナルである。したがって、資料あるいは作品としての価値は古い年代に製作された資料と同じであり、展示の文脈において同じ重要性を持っている。

それは（3）で言及されている現代の工芸家やアーティストたちが最近製作した作品や、アイヌ民族がさまざまな職業で使用している道具類（「私たちのしごと」のコーナー）についても同じである。例えば、プラザ展示には古い時代と新しい時代の工芸作品を展示している二基の展示ケースがある。古い工芸作品の中には一九世紀中期にエトロフ島で活躍したシタエーパレ(12)作といわれるイタ（盆）の他、恐らく幕末から昭和初期にかけて製作された木彫類が展示されている。そしてその隣の展示ケースには現代の工芸作家たちの作品が展示されている。（写真5、写真6を参照）

両者は彫りの技術からデザイン性に至るまでほぼ同格である。これはアイヌの木彫技術とデザイン力が少なくとも一五〇年以上にわたって連綿と受け継がれていることを示した展示であり、両方とも工芸作品、美術作品として価値の高いも

写真5　プラザ展示に展示されている古い時代の木彫作品　左上のイタ（盆）がシタエーパレ作と伝わる

（12）またはシタエホリともいわれる。松浦武四郎の『近世蝦夷人物誌』弐編巻之中にも登場する。

のである。

アイヌの文化、技術の伝承者たちが製作した作品や資料をどのように認識するのかという問題も、先のケース展示か露出展示かという問題と通底するところがあることから、次の節で詳しく論じることにする。

文化財の展示か民族資料の展示か

国立アイヌ民族博物館の展示方針を分析することで浮かび上がってくるのは、この博物館がアイヌ文化の資料をどのように位置づけているのかという問題である。冒頭でも述べたように国のアイヌ文化に対する認識は近年大きく転換した。それを表す「民族共生の象徴となる空間」作業部会が二〇一一年に出した報告書の一節は以下の通りである。

> 「民族共生の象徴となる空間」は（中略）我が国の貴重な文化でありながら近代化政策の結果として存立の危機にあるアイヌ文化を復興・発展させる拠点として、また、国際的にも追求されている将来の豊かな共生社会を構築し、将来の世代により良い社会を残していくための象徴として重要な意義を有する国家的なプロジェクトであり、長期的視点に立って取り組むべき政策である。（傍線筆者）[13]

写真6　プラザ展示に展示されている新しい時代の木彫作品

（13）注（4）と同じ。

この一節はその後、ウポポイの基本構想や基本計画などでしばしば引用されていて、国が設置した会議などでも重視されていたことがうかがえる。

実はこの中でさりげなくいわれている「我が国の貴重な文化でありながら近代化政策の結果として存立の危機にあるアイヌ文化」という表現には、意外と知られていない重大な意味がある。それは、日本という国家が初めて先住民族アイヌの文化を国家の「貴重な文化」であると認識し、規定したということである。しかも「近代化政策の結果として存立の危機にある」と、アイヌ文化が今日見られるような危機的な状況に見舞われた責任が明治時代以来の国の政策にあることをはっきりと述べている。

冒頭でも触れたが、日本という国は中世以来アイヌの祖先も含む「蝦夷」を農耕や家畜も知らず、わけのわからないことばを話す野蛮な人々というイメージで語ってきた（例えば『諏訪大明神絵詞』に登場する「唐子」、「日ノ本」に関する記述など）。それは近代化した明治時代以降も変わらず、アイヌの生活や習慣は旧来の「陋習」などとみなされ、政策的に克服すべきものとされ、積極的な撲滅が図られた。さらには人類学や歴史学といった新たに成立した学術分野がアイヌの文化や社会を「未開文化」、「無文字社会」、「非農耕社会」などの概念を使って説明するようになり、政策に学術的な正当性を与えた。アイヌ文化が「近代化政策の結果として存亡の危機にある」という状況に陥ったのはそのためであるといっても過言ではない。

筆者は、国がアイヌ文化を「我が国の貴重な文化」であり、その危機を招いた責任が自らにあり、その復興が責務であると認識するようになったことが、国立博物館を中核施設の一つとするウポポイの建設につながったと考えている。(14)それはまた、この国立博物館が「我が国の貴重な文化」を収集・保存し、展示し、調査・研究し、教育・普及し、それを支える人材を育成していくための施設であるということを意味する。展示される資料はあくまでも「我が国の貴重な文化」なのであり、その意味でこの博物館が収蔵・展示する資料は、東京国立博物館をはじめとする国立博物館が所蔵・展示する資料と同格であるということになる。明記はされていないが、国立博物館にあるものは基本的に「我が国の貴重な文化」だからである。

このような認識は必然的に展示手法に影響を与える。「我が国の貴重な文化」ということはすなわち「文化財」という概念につながる。文化財については文化財保護法（昭和二十五年法律第二百十四号）第二条第一項でその定義がなされている。それによれば、文化財には「有形文化財」（同法第二条第一項第一号）、「無形文化財」（同第二号）、「民俗文化財」（同第三号）、「記念物」（同第四号）、「文化的景観」（同第五号）、「伝統的建造物群」（同第六号）の六種類がある。国立アイヌ民族博物館で

(14) 注（2）と同じ。

扱う資料で関係するものは「有形文化財」と「民俗文化財」である（ウポポイ全体では「無形文化財」も含まれる）。同法によれば有形文化財とは「建造物、絵画、彫刻、工芸品、書跡、典籍、古文書その他の有形の文化的所産で我が国にとつて歴史上又は芸術上価値の高いもの（これらのものと一体をなしてその価値を形成している土地その他の物件を含む。）並びに考古資料及びその他の学術上価値の高い歴史資料（傍線筆者[15]）」であり、民俗文化財とは「衣食住、生業、信仰、年中行事等に関する風俗慣習、民俗芸能、民俗技術及びこれらに用いられる衣服、器具、家屋その他の物件で我が国民の生活の推移の理解のため欠くことのできないもの（傍線筆者[16]）」である。

この定義からわかるのは、有形文化財では「価値の高いもの」という制限があるのに対して、民俗文化財ではそれがなく、「国民の生活の推移の理解」のために必要不可欠であれば、その歴史上、芸術上、学術上の価値は問わないというように読むことができる。いずれにせよ、同法における文化財に対する国の認識は、その第三条（政府及び地方公共団体の任務）の「政府及び地方公共団体は、文化財がわが国の歴史、文化等の正しい理解のため欠くことのできないものであり、且つ、将来の文化の向上発展の基礎をなすものであることを認識し、その保存が適切に行われるように、周到の注意をもつてこの法律の趣旨の徹底に努めなければならない。[17]」の筆者の傍線を施した部分によく表れている。

（15）「文化財保護法」（昭和二十五年法律第二百十四号）https://elaws.e-gov.go.jp/document?lawid=325AC 0100000214（閲覧日　二〇二二年一二月二六日）

（16）同右。

（17）注（15）と同じ。

このような文化財を展示するために国立博物館の大部分は資料を、温湿度と照明の強度を厳重に管理した展示ケースに入れて展示している。それは見やすさと資料の保存を両立させるためである。展示資料を露出した状態で来館者の観覧に供することは少ない。国立アイヌ民族博物館もアイヌ文化が「我が国の貴重な文化」であり、その資料が「文化財」であるとする考えから、大部分の資料をケースに入れた状態で展覧に供している。

しかし、アイヌ文化の資料は文化財なのだろうか？

日本には国立博物館と名乗りながら、その展示資料の大部分を露出展示している博物館がある。それが国立民族学博物館（大阪府吹田市）である。この博物館には我が国有数の広さと点数を誇るアイヌ文化展示がある。そこに展示されている資料の中には、明治から大正の時代に東京大学理学部人類学教室(18)が収集したものの、大正から昭和初期にアチックミューゼアムや日本民族学会(19)が収集したものなども含まれている。実物大で再現された平取地方の伝統的なチセ（家屋）をはじめ、一〇〇年以上前に収集された貴重な資料でも露出展示の手法で展示されている。ケースで覆われている資料は数少なく、それは保存の観点とともに、安全の観点から覆う必要があった資料である。（写真7、写真8を参照）

国立民族学博物館が露出展示にこだわるのは、来館者に世界の諸民族の文化とできるだけ身近に接してもらうことを展示の目的の一つにしているからである。

(18) 日本の人類学の父と称される坪井正五郎が創設した研究室で、その指導の下に鳥居龍蔵、石田収蔵といった人類学者が育った。アイヌ関係の資料では、鳥居が千島列島で収集したもの、坪井、石田、鳥居らが樺太で収集したもの、北海道各地から寄贈されたものなどがあった。それらは一九七五年に東京大学から国立民族学博物館に寄託された。

(19) 渋澤敬三が自宅の物置小屋の屋根裏に設置したことで始まる私設博物館。その収蔵資料は一九三九年に日本民族学会付属民族学博物館に移管され、そこが閉鎖された後は文部省史料館を経て、国立民族学博物館に収蔵された。

ケースのガラス越しに見るだけではわからない質感を感じて、理解してもらうことを重視しているともいえる。また、この博物館が扱う資料は「文化財」ではなく、「民族資料」として位置づけられていることも関係する。民族資料とはある民族の文化を端的に表現する資料である。その意味で民俗文化財に近いが、民俗文化財が日本の生活の推移を理解するのに不可欠なものであるのに対して、民族資料は世界の各民族の文化を理解するためのものである。国立民族学博物館にとっては日本文化もアイヌ文化も展示すべき世界の諸民族文化の一つにすぎない。

　アイヌ文化の展示を東京国立博物館、国立民族学博物館、国立アイヌ民族博物館の三者で比較してみよう。

　東京国立博物館では本館一六室で琉球文化とともにアイヌ文化の展示が設けられている。同博物館は約一〇〇〇点に及ぶアイヌ文化関連の資料を収蔵しているが[20]、その内、芸術性が高く、歴史的な意義も大きく、かつ保存状態のよいものを中心に、定期的に資料を入れ替えながら常時一六室で展示を行っている。その展示姿勢はあくまでも有形文化財の展示であり、全資料が高価な展示ケースの中に納められている。確かに一見するだけでその芸術的、学術的価値はわかる。貴重な文化財を子々孫々まで伝えようとする博物館の意気込みも伝わる。しかし、その資料を製作し、使用していた人々の生活感や息吹、あるいは製作技術の絶妙さや製作者の思いまでくみ取るのは難しい。

写真7　国立民族学博物館のアイヌ文化展示　現代の芸術作品が観覧者を出迎える（写真提供：国立民族学博物館）

（20）東京国立博物館編『東京国立博物館図版目録・アイヌ民族資料篇』一九九二年、vii頁。

国立民族学博物館では東アジア地域展示の一環として、本館二階Cブロックの中で「アイヌの文化」という展示を行っている。この博物館では五〇〇〇点を越えるアイヌ関係の資料を所蔵しており、現在でも収集は続いている。現在の展示は二〇一六年にリニューアルされたもので、一九世紀から二〇世紀中頃までに収集されたいわゆる伝統的なアイヌ文化を表す資料とともに、現代の工芸作品や民族の権利回復運動に関係する資料も展示されている。先にも述べたように、実物大で復元された平取地方のチセをはじめ、大部分の資料が露出展示されている。ここでは匂いも含め、資料が醸し出す質感や、製作者、使用者たちの息吹を直接感じ取ることができる。しかし、一〇〇年以上も前に製作され、現在ではその技術も失われてしまったような貴重な「文化財」ともいえる資料が無造作に、手が届くような距離に置かれており、そこからは資料の貴重さやありがたみは伝わらない。すなわち、この展示からアイヌ文化が「我が国の貴重な文化」であることを読み取ることは難しい。

この二館と対比すると、国立アイヌ民族博物館の展示は東京国立博物館の展示に近い。大型の展示物だったり、特別な効果をねらったりするもの以外はすべてケース展示になっているからである。それは国がアイヌ文化を「我が国の貴重な文化」であると表明したことが大きい。この博物館の展示のあり方について検討してきた各種会議や委員会の委員たちの間に、東京国立博物館の手法とレベルで

写真8　国立民族学博物館のアイヌ文化展示　伝統的な生活様式の展示（写真提供：国立民族学博物館）

展示を行うという方針が無意識の内に刷り込まれていたかのようである。

しかし、この博物館の場合には貴重な文化を大切に保管し、後世に伝えるという役割とともに、それ以上に重要な使命を有している。それは「アイヌの歴史・文化等に関する正しい認識と理解を促進するとともに、新たなアイヌ文化の創造及び発展に寄与する」（博物館の理念より）ことである。そのためには、資料が発する製作者や使用者の息吹や生活感も展示で伝えていかなくてはならない。同じ基本展示室の中に体験型展示コーナーを設けた理由はそこにある。「探究展示 テンパテンパ」と名付けたこのコーナーは、実物大模型や縮小模型などを活用しながら、ケース展示を見ただけではできないアイヌ文化の深い理解を促すことを目指している。そこには模型だけではなく、一流の工芸作家たちの彫刻作品や衣類の材料となる樹皮繊維や魚皮のサンプルなども並べられていて、その感触を確かめながらアイヌ文化をより深く理解してもらうことにしている。

おわりに

アイヌ文化に関連する資料は文化財なのか民族資料なのか、あるいは両者は対立する概念なのか両立するものなのか。管見の限り、博物館の専門家やアイヌ文化研究に従事してきた研究者の中でこの問題に真正面から取り組んだ研究は見当たらない。ただ、国立アイヌ民族博物館の展示方針を他のアイヌ資料を展示する国立博物館と比較すると、両者は両立しそうなことが見えてくる。アイヌ文化はアイヌ民族が長い年月をかけて創り上げてきた民族文化である。しかし、国が「我が国の貴重な文化」であると規定することで、その文化が生み出した資料や作品が文化財、しかも生活の変遷を表す「民俗文化財」だけでなく、芸術上、歴史上、学術上高い価値を有するとされる「有形文化財」にもなる可能性が生じてくる。東京国立博物館や国立アイヌ民族博物館でのケース展示はそのことを示している。

その一方で、「我が国の貴重な文化」とされ、「文化財」とされることを、この文化を築き上げてきたアイヌ民族がどのように感じるのか、どのように見るのかということもきわめて大切な問題である。アイヌ文化を「我が国の貴重な文化」であると認め、定めたのは国である。しかし、この表現を初めて使った『「民族共生の象徴となる空間」作業部会報告』をまとめた部会の構成員はその半数が北海道アイヌ協会を代表して出席する委員だった[21]。それまでの有識者懇談会と異なり、ここまで踏み込んだ表現を使った理由の一つはそこにあったのかもしれない。

しかし、ガラスのケースに収めて祭り上げてしまうのでは、何度もいうように、その資料が醸し出す生活の息吹や人々の思いを観覧者に届けるのは難しくなる。つまり、展示ケースは観覧者と展示資料の間に一定の距離を設定してしまう。またそれと同時にケース展示は文化を、その文化を築き上げた人々から疎外することにもなりかねない。国立アイヌ民族博物館の展示は、その内容だけでなく手法

（21）注（4）の報告書、一三頁。

についても、文化の担い手、博物館関係者、研究者、観覧者などを巻き込んだ不断のフォーラムで議論する必要がある。

第六章　国立アイヌ民族博物館の基本展示で伝えたいこと

田村将人

展示検討委員会およびワーキング会議でのいくつかの議論

私は二〇一六（平成二八）年から、文化庁による「国立のアイヌ文化博物館（仮称）設立準備室」で学芸員（同時に東京国立博物館主任研究員）として従事してきた（同年五月、「国立アイヌ民族博物館設立準備室」に改称）。私自身は、前年、文化庁が設置した「国立のアイヌ文化博物館（仮称）展示検討委員会ワーキング会議」の委員として委嘱されていたので、開館までの通算五年間、新しい博物館の設立に関わったことになる。

展示検討委員会は、旧アイヌ民族博物館の館長や、アイヌ語やアイヌ文化の研究者を含め七人。下部組織と位置付けられていたワーキング会議は、工芸家、大学教員、学芸員など、アイヌ語・アイヌ文化・アイヌ史の研究・実践の一線にいる人たちを中心にのべ一四人であった。言うまでもないことだが、それぞれの委員会はアイヌ民族と和人（日本のエスニック・マジョリティ）から構成されていた。お互いに日常的な交流があり、和気あいあいとしつつも、アイヌ文化に関する初めての国立博物館が設立されるということで、みな緊張感を持っていた。それは、はじめが肝心であるということ、国立の施設として注目されるだろうこと、アイヌ民族と同化政策の歴史を伝えることが重要であることは言うまでもなく、現代のさまざまなアイヌ民族の姿を誤解されないように伝えるにはどうすればよいか、そもそもアイヌ民族のことをよく知らない（初めて知る）来館者を対象とすることが大前提となること、などが想定されたからである。この委員会とワーキング会議では、基本展示の六つのテーマのコンセプトや内容を決めていくうえで、基本展示全体に通底する重要な議論が交わされた。

何をどう伝えるか

なかでも何度か言及されたテーマに、アイヌ民族の被差別体験をどう展示するかという問題があった。それは、被差別体験を強調しすぎると、特に小学生のような世代では逆にアイヌ民族は「いじめてもいい人たちだ」と認識してしまう恐れがあったからである。これは、実際に小学生の前で説明をした経験から来ているというものだった。現実の民族差別も、たいていは大人（親）の会話が子供の耳に入り、学校で「お前（の家）はアイヌだろう」といじめにつながっている事例が多いことも挙げられた。ちなみに、展示において、被差別体験の歴史的な事実を隠すことがあってはならないという条件が付いていたことは言うまでもない。とりもなおさず、アイヌ民族のある一面ばかりを強調するのではなく、時代、地域によってさまざまな状況があったことを伝えることが重要だという議論もあった。

また、主に江戸時代に和人によって描かれた「アイヌ絵」は身体的特徴を誇張して描くことが多いため、アイヌ文化の基礎的な情報を伝える基本展示室ではなるべく避けて、特定のテーマとして特別展示で展示するほうがよいだろうという方向性も出された。いずれも、小学生が授業で見学に来ることを大前提として議論されており、さらに大人であっても、アイヌ民族に関する予備知識がない来館者にどのように伝えるかが最大のテーマであった。政府が開館前から年間一〇〇万人の来場者を目標に掲げていたため、このような議論になっていたのであった。いずれにしても、日本のマイノリティに関する展示を見る層のターゲット（主にマジョリティである和人向け）の議論である。

多くの観光客が、旧一般財団法人アイヌ民族博物館や釧路市の阿寒湖アイヌコタンなどで、「いつも茅葺きの家に住んでいるのか?」「このあと、山に帰るのか?」「熊などを狩猟しているのか?」はては「日本語が上手だね」などと職員に投げかけている現実があった。それは、目の前で伝統的な民族衣装をまとって、踊る姿が披露され、工芸製作のシーンが目に入ってくるので、やむをえないところもある。しかし、あくまでも仕事で民族衣装を着ていることを強調して説明するようにしている、という苦労も共有された。

同時に、基本展示の中では、アイヌ民族のうち、伝統文化や工芸に従事している人はほんの一部であり、さらに国外で活躍しているアイヌ民族の職業を紹介することも目標とされた。アイヌ民族一般の歴史や文化を紹介するだけではなく、個人に焦点をあてて等身大のアイヌ民族を知ってもらうことが重要だという議論もあった（すでに大阪人権博物館や北海道博物館で実現していた）。いかにステレオタイプ化された伝統文化像を打破するか。いや、民族の特徴ともいえる伝統文化を丁寧に説明しつつ、同時に現代のアイヌ民族の姿を伝える、と言い換えたほうがよいだろうか。

アイヌ民族の明治以降の歴史

ここでとくに一九世紀後半以降にアイヌ民族がたどった歴史を見ておきたい。

明治になって日本による「開拓」政策の影響で、北海道アイヌが住み、動植物などの食料を得ていた土地は官有地となり、それまでの生活を送ることができなくなった。具体的には、和人が移住する土地を用意するために、北海道アイヌの住む場所が移されるというケースがいくつもあった。また、サケマスは魚類のうち主食ともいえるが、産卵するために遡上するサケマスを自由に捕獲することができなくなった。これは本州以南から移住してきて人口が増加した和人もサケマスを獲ったことから、サケマスの資源保護の措置を講じる必要が出てきたからだ。資源保護のためなら仕方ないじゃないか、という意見も聞こえてくるが、和人の移住人口の急増のために、以前のアイヌ独自の暮らしを送ることができなくなったことは強調しておこう。さらに、山で熊や鹿を捕るための罠に毒矢を仕掛けておくことが禁じられた。これも和人移住者が増加して、山でけがをする人が増えたからともいわれている。また、明治初期に大雪などの要因があり、エゾシカが激減したということも、アイヌの食糧難に拍車をかけた。北海道アイヌにとってエゾシカは陸獣のうち主たる食料源だった。このようなことが明治初年、一八七〇年代の数年のうちに起こったわけだ。

さらに、一八七一（明治四）年、女性が成人するにあたり口辺や手の甲に入れる刺青や、男性がピアスを開けること、家族が亡くなった際に住んでいる家を焼いて死者に持たせるなどの習慣が開拓使によって禁じられた。日本語を習得することが推奨され、アイヌ語の使用や維持は担保されなかった。役所や商売、学校においてアイヌ語が使用できる場面はなかった。つまり大量に移住してきた和人がアイヌ語で会話ができるほどに習得することはなかったのである。次第に、アイヌの家庭では、次の世代には必要がないとしてアイヌ語を教えることがなくなった。これも一九世紀後半から二〇世紀初頭の状況である。アイヌ語の使用を禁じる法律はなかったことから、アイヌ語の習得の放棄は自発的なものだろうという意見もあるが、政治的、経済的な力を持つ和人の大量移住によって、アイヌ民族の生活基盤が大きく揺るがされたことは紛れもない事実であった。

つまり、アイヌとして独自の言語や文化で生きることが保証されなくなっていったわけである。このような状況に対して、政府は一八九九（明治三二）年に北海道旧土人保護法を施行して、アイヌ民族のうち農業を希望する者を対象にした法律を作ったのだった。これも、困窮したアイヌのために法律ができたから良かったのではないかという意見もあるが、困窮した理由は、これまでに説明したように、明治になってからの約三〇年で起こった生活の激変であったことは明らかだった。しかも、農業以外の仕事に関しては法律では何も書かれていなかった。

このように、アイヌ民族にとっては新しい生活に適応せざるを得ない時代が到来したのだ。その時代を説明するため、「私たちの歴史」ではいくつかの解説パネルを

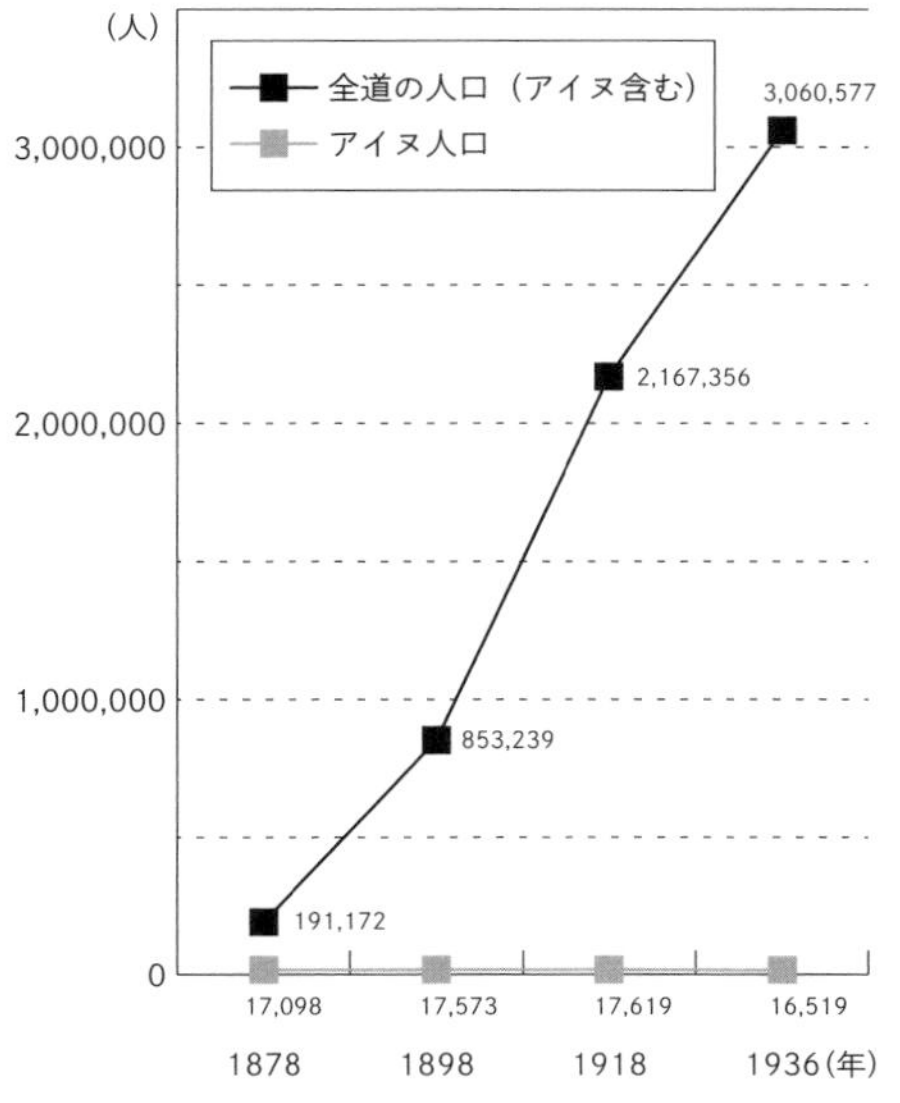

出典：『新北海道史』第9巻（1980年）をもとに作成

表1　北海道の全人口に対するアイヌ人口比

掲示している。北海道（九名）、樺太（一名）、千島（一名）の各地の男女がどのような生涯を送ったのか、顔写真と簡単な経歴を紹介し、多様かつ具体的な、個々人からアイヌ民族の歴史を立ち上げようとした。

表2 「私たちの歴史」で紹介する人物

詳覧解説での人物紹介パネル

	氏名	性別	生年	没年	主な活動地	プロフィール
1	ストロゾフ・ヤコフ	男	1837	1903	千島列島パラムシル島、色丹島	首長、ロシア正教徒、千島アイヌの強制移住
2	千徳太郎治	男	1872	1929	樺太ナイブチ、北海道対雁、樺太内淵	樺太アイヌの強制移住、学校教員、著書『樺太アイヌ叢話』
3	金成マツ	女	1875	1961	登別、旭川	キリスト教聖公会の伝道所、アイヌ語の筆録
4	荒井源次郎	男	1900	1991	士別、旭川	1930年代の土地問題、著書『アイヌの叫び』
5	違星北斗	男	1902	1929	余市、東京	開拓使仮学校に派遣された祖父、短歌の遺稿集『コタン』
6	知里幸恵	女	1903	1922	登別、旭川、東京	口承文芸の筆録、編書『アイヌ神謡集』
7	山本多助	男	1904	1993	釧路、阿寒	和人によるアイヌ研究の姿勢を批判、ヤイユーカラ・アイヌ民族学会創立、著書『阿寒国立公園とアイヌの伝説』
8	知里真志保	男	1909	1961	登別、東京、樺太、札幌	言語学者。東京帝国大学卒業、樺太庁豊原高等女学校教諭、北海道大学教授、著書多数
9	貝澤正	男	1912	1992	平取、満洲	「満洲」開拓団、平取町議会議員、北海道ウタリ協会副理事長、著書『アイヌ　わが人生』
10	野村義一	男	1914	2008	白老	白老町議会議員、北海道ウタリ協会理事長
11	萱野茂	男	1926	2006	平取	平取町議会議員、参議院議員、著書多数、博物館建設

モニターでの人物紹介映像

1	北風磯吉	男	1880	1969	名寄	アイヌ語・アイヌ文化の伝承者、日露戦争出征
2	バチラー八重子	女	1884	1962	伊達、札幌	キリスト教聖公会での伝道、短歌の歌集『若きウタリに』
3	安部洋子	女	1933	-	樺太落帆、十勝、川崎	理髪業、著書『オホーツクの灯り』

伝統的《でんとうてき》な習慣《しゅうかん》が禁《きん》じられる
Prohibitions on traditional customs
传统习惯被禁止
전통적인 풍습의 금지
1871年、開拓使《かいたくし》は農業を勧《すす》め、死者のために家を焼いてもたせることや、女性《じょせい》の刺青《いれずみ》、男性《だんせい》の耳飾《みみかざり》などの習慣を禁じ、日本語や文字の習得を勧めました。また、1877年の北海道《ほっかいどう》地券発行条例《ちけんはっこうじょうれい》では「山林川沢原野《さんりんせんたくげんや》」を国有地としたため、アイヌ民族は薪《まき》の確保《かくほ》にも困《こま》るなど、生活に大きな変化が続きました。
In 1871, the Hokkaido Development Commission (*Kaitakushi*) banned traditional Ainu customs, including the tattooing of women and the wearing of earrings by men. The Commission encouraged the Ainu to engage in agriculture and learn Japanese. An ordinance enacted in 1877 expropriated the land inhabited by the Ainu as government-owned land.
図1　同化政策等を説明する解説パネル

歴史の主体は誰か

大テーマは「私たち」、つまりアイヌ民族を主語としたテーマで構成される。中テーマの解説文は、内部職員が展示のコンセプトを説明した上で、外部のアイヌ語実践者が執筆したものである。まず、アイヌ語で作成し、それを日本語、英語、中国語（簡体字）、韓国語に翻訳した。詳覧解説という、いわば小テーマに該当する解説文は内部職員が執筆した。また、定期的な展示替えを含め、個々の展示資料の選定は内部職員が行っている。

各種解説文については、展示検討委員会ワーキング会議において、アイヌ民族の視点で叙述することが確定していた。「私たちの歴史」という大テーマの中のいわゆる近現代にあたる中テーマ「私たちの生活が大きく変わる」と「現在に続く、私たちの歩み」では、同化政策や母語存続の危機、和人研究者や観光業者への批判等に関する詳覧解説もその基準で私が執筆した。執筆中も困難を抱えていたが、やはり開館後に様ざまな意見をもらうことになった。とくに、政府や開拓使、北海道庁、樺太庁などが主体となって展開された同化政策についても、解説文ではアイヌ民族の生活に起きた影響をポイントとして記述したことから、具体的なことが分かりにくくなった点が挙げられる。

また、前述した展示検討委員会ワーキング会議での議論もあり、具体的な被差別体験は解説文の中には書かれなかった。一方で、アイヌ民族自身が執筆した書

写真1　「私たちの歴史」のケースの前に並ぶ来館者

籍や新聞、雑誌などの記事を、ページを開いて展示することで、個々人の発言を直接見て感じてもらうことは心がけた。たとえば、違星北斗『コタン』や森竹竹市『原始林』などの歌や、一九六〇年代以降に発行された同人誌「ペウレウタリ」や新聞『アヌタリアイヌ』などの様ざまな発言に、来館者は列をなして見入っている。これは、個人的には想定外の喜びであった。展示資料の大半がいわゆる紙もので、解説文の文字数が多く、年表に沿って展開する「私たちの歴史」は、いわゆるお勉強的な展示で敬遠されるだろうという想定があったからだ。

時代による多様な職業の紹介

さらに、一九世紀半ばの明治以降、各地のアイヌ民族の具体的な職業について、どのように示せば来館者に伝わるかということについて、展示検討委員会ワーキング会議でも議論された。それが、「私たちのしごと」の中テーマ「激動の時代のなかで」と「現代のしごと」である。

この展示の大きな目的は、先に述べた旧アイヌ民族博物館や阿寒湖アイヌコタンなどで見られたような誤解を解くためである。つまり、現代のアイヌ民族がいわゆる民族衣装を日常的に身に着け、山で狩猟をし、日本語がわからないというような生活を送っているわけではないことを伝えるためである。歴史上はそのような生活が、明治以降の同化政策等により不可能となったことはすでに述べたとりである。このような誤解を解くために、アイヌ文化等にかかわることはあっても、伝承以外の職業を持っている人を選定することになった。

いくつかのポイントを整理しておこう。（1）「俳優」など職業の名称を前面に出すことで、明治以降のアイヌ民族が多様な職業についてきたことを示した。（2）その職業についているアイヌ民族の各個人のプロフィールを簡潔に紹介して、その職業とのかかわりを知ってもらう。（3）アイヌ民族が今や北海道にだけではなく、北海道外、国外に住んでいることも知ってもらう。（4）その職業に関連する仕事の道具を展示し、さらに三人に限っては本人が出演する短い動画をループ再生している。

物故者、健在者を含め、地域や性差のバランスを考えながら、展示に協力してもらえるかどうか交渉しつつ、開館時の一四人が決まったというところである。今後、この一四人についても展示の入れ替えを計画している。

基本展示の六つの大テーマのうち、中テーマが時系列で構成されているものとして、ほかに「私たちの交流」がある。主にヒトの移動手段（舟、そり、スキー、かんじき等）と、モノの交易が大きなテーマであり、そして最後に先住民族としての交流を紹介している。中テーマ「生活圏と海を越える交流」では、移動手段に北海道アイヌ、樺太アイヌ、千島アイヌの間で地域差があることについて資料を使って説明している。「外からみたアイヌ文化」ではアイヌ民族が一六世紀以

表3　「私たちのしごと」職業の紹介

	氏名	性別	地域	職業
中テーマ：激動の時代のなかで				
1	幌村運八	男性	三石	漁業
2	川村カ子ト	男性	旭川、長野県	測量業
3	上野サダ	女性	帯広	農業
4	川奈野一信	男性	平取	林業
中テーマ：現代のしごと				
5	宇梶剛士	男性	東京都	俳優
6	砂澤嘉代	女性	芦別、マレーシア	フェアトレード
7	今ひろあき	男性	枝幸、大阪府、札幌	飲食業
8	館下直子	女性	帯広、神奈川県	家具職人
9	茂木涼真	男性	白老、札幌	サラリーマン
10	貝澤守	男性	平取	アイヌ工芸家
11	藤谷るみ子	女性	平取	アイヌ工芸家
12	藤戸竹喜	男性	美幌、旭川、阿寒	木彫り職人
13	藤戸康平	男性	阿寒	木彫り作家・プロダクトデザイナー
14	オキ	男性	―	アーティスト

写真2　かつての生業（左奥）と近現代の職業（手前）を紹介する「私たちのしごと」

来欧米や日本から注目され、絵画や文書記録に残され、博覧会への出品、出場まで要請されていたことを示した。「伝統を魅せる」では主に二〇世紀になって、アイヌ自らが伝統文化を受け継ぎ披露していく様子を紹介している。

以上見てきたように、基本展示では「私たちの歴史」「私たちのしごと」「私たちの交流」において通時的な中テーマの構成をとっているが、そのこと自体も多くの来館者には気づかれないのかもしれない。しかし、座って読む読書と違い、歩いて見て読むことが主眼である展示というスタイルでは、アイヌ民族の歴史の流れを文書資料、職業に関する資料、交易や交流に関する資料といったように視点を変えて反復してもらうのが良いと思っている。一度に覚えることが多いよりも、いくつかでも立ち止まって印象に残るものがあれば展示としては及第点ではないだろうか。

表4　時系列に沿った中テーマの比較

私たちの歴史	中テーマ
3万年前～13世紀	遺跡から見た私たちの歴史
1264年～1868年	交易圏の拡大と縮小
1868年～1945年	私たちの生活が大きく変わる
1945年～2020年	現在（いま）に続く、私たちの歩み

私たちのしごと	中テーマ
およそ19世紀以前	先祖のしごと
19世紀後半～20世紀半ば	激動の時代のなかで
20世紀半ば～現在	現代のしごと

私たちの交流	中テーマ
17世紀～20世紀前半	生活圏と海を越える交流
16世紀～20世紀初め	外から見たアイヌ文化
20世紀～21世紀初め	伝統を魅せる

単一民族国家ではないというメッセージ

基本展示室に入る前に「導入展示」というトンネル状の空間を作り、展示室までの暗順応の役割を果たすとともに、日本は単一民族国家ではないというメッセージを込めた映像を三カット×四パターン作成した。これも、展示検討委員会およびワーキング会議では重要な展示として位置付け、つねに議題に挙がっていた。むろん、完成した映像には「単一民族国家」というフレーズはどこにも出てこない。そこには、ちょうど日本に滞在していたニュージーランドのマオリが出演したほかは、日本国内在住のアイヌ民族のほか、和人、中国人、韓国人、タイ人、ロシア人、アメリカ人、フランス人、ドイツ人など数人が登場し、それぞれの言語で挨拶を投げかける。協力してくれた人々はいわゆる民族衣装を着ている人もいれば、普段着（いわゆる洋服）を着ている人もおり、これは出演者本人の意向を尊重した。ここに登場するアイヌ民族はウポポイの職員であり、三カットのうち一カット目は普段着で、二、三カット目は職場（ウポポイ）で着る民族衣装でメッセージを投げかけるシナリオである。

ここには、前述のような現代のアイヌ民族への誤解を解く仕掛けを込めた。普段着はいわゆる日本社会で一般的なものであり、同じ人が次の場面では民族衣装に着替えている。つまり、日常は普段着で、仕事のために民族衣装を着ているということを伝えたかったのである。セリフは、日本語も話すし、一部アイヌ語で

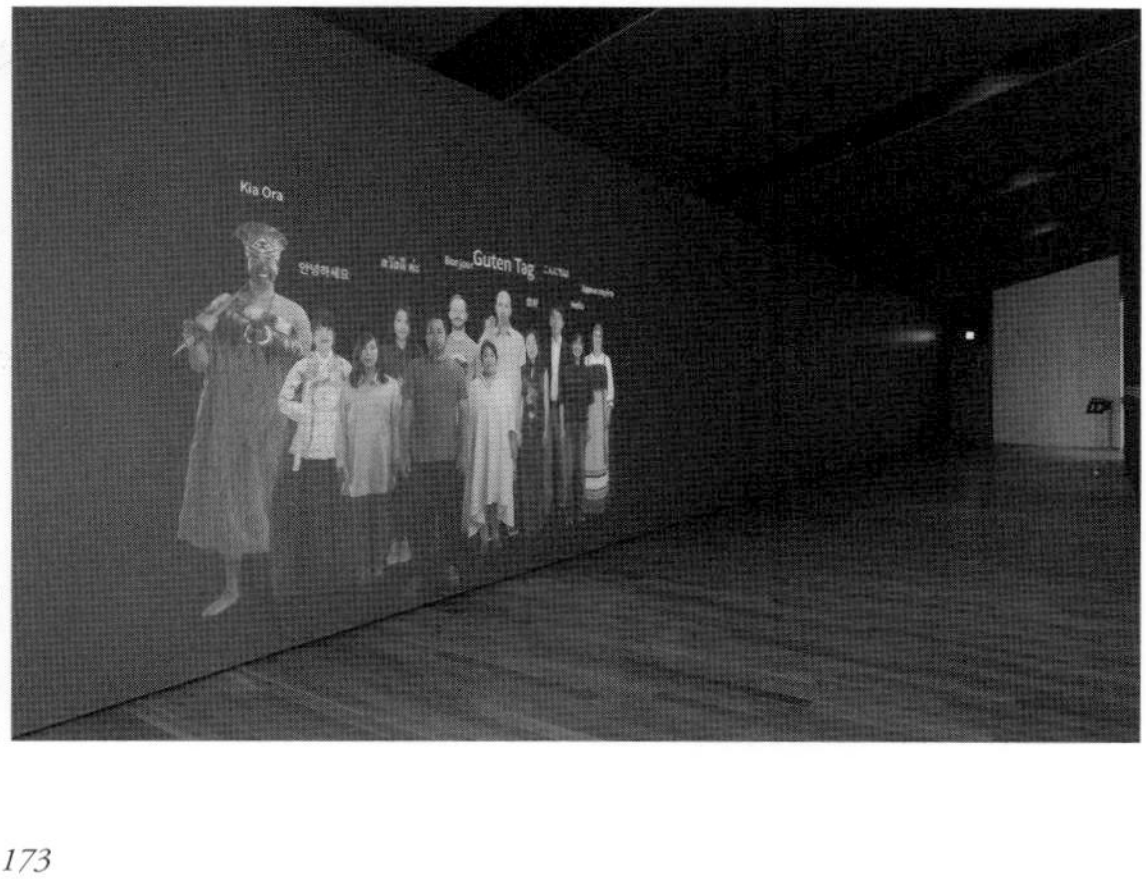

写真3　多民族社会であることを伝える「導入展示」

投げかけるというバランスもとった。

こだわったのは、出演した和人が関西地方出身者で、「こんにちは」という挨拶の投げかけを、いわゆる標準語アクセントと、関西方言アクセントのパターンを収録し、映像四パターンのうちに混ぜたことだ。たまたま、映像制作業者も関西方言話者で「なにも珍しくもない」と不満げであったが、北海道という場であえて日本語の「こんにちは」を二パターン流す意義は小さくないと思っていた。日本語であっても多様であるということも示したかったのだ。

いずれにしても、ウポポイおよび当館を訪れる来館者の大半が和人であることを考えると、「あなたも世界の中の一民族である」「あなたの身近にこれだけ言語や文化の違いを感じるチャンスがある」「日本語も多様であるように、他民族も多様だ」ということに気づいてもらえる仕組みというのが、展示検討委員会およびワーキング会議の目標でもあった。「日本は単一民族国家ではない」というメッセージが伝わり、マジョリティであることやマイノリティについて考えるきっかけになることを祈っている。

展示室内の配置

基本展示室内の六テーマの配置は、各テーマで展示される資料の物理的な量によって決められたところがあり、結果的に紙資料が主となる「私たちの歴史」は面積的に狭く感じるかもしれない。中央に「プラザ展示」（六テーマのエッセンス）を配置しているが、その真ん中には映像や音声をフル活用した「私たちのことば」を配置し、アイヌ語復興のイメージを表わした。基本展示室の入口から見ると正面には、「私たちの歴史」の年表と地図を活用した「歴史の広がりとつらなり」が目に入り、展示室全体で扱う内容の時間軸、空間軸を示した。左手には「私たちの世界」の資料として高さ約六メートルの「クマつなぎ杭」を再現した。また、右手には「私たちの交流」の資料として一七世紀頃と年代測定の結果が出た、交易で使われた板綴舟の出土資料を厚岸町教育委員会から借用した。「私たちのくらし」では伝統的家屋の間取りを床面に再現しＡＲ（拡張現実）でその風景を見せている。「私たちのしごと」では、伝統的な生業（狩猟、漁撈、採集、農耕）のみならず現代のさまざまな職業（林業、俳優、フェアトレード等）を紹介することに主眼を置いた。

展示資料の性格と当館の意義

以上のような大きなコンセプトを引き継ぎ、新たに博物館設立準備室に採用された研究職員や、二〇一八年に合併した旧アイヌ民族博物館の学芸員によって具体的な展示資料の選定、解説文の作成が行われた。むろん、研究職員のなかにはアイヌ民族も和人もいるし、現在では、多国籍の陣容となっていることを付け加

写真４　「プラザ展示」（円内）とアイヌ文化にかかわりの深い鳥の模型（上）

えておこう。

当館の資料は、残念ながら年代、地域、原資料名など、来歴不明の資料が多い。これは、国内他館のアイヌ民族資料にも共通している。多くの来館者にとって、キャプションの資料情報が少なすぎることは、資料の理解を難しくさせているようだ。

一方、製作者、製作年代が比較的新しい資料も積極的に展示している。当館の展示資料の一部には復元などと明示した資料もある。これは、各地の博物館などに収蔵されている資料を、各地のアイヌ民族の伝承者に熟覧・調査研究してもらい、すでに製作方法などが失われた技術の復元を意図したものである。当館は、そのようなアイヌ文化復興の拠点、あるいは発信拠点となるべきことも自覚しているところである。

「国立」なのに、新しい展示資料はふさわしくないという意見も聞こえてくる。東京国立博物館などの国宝・重要文化財が多い国立博物館と比較されているようだが、当館はどちらかと言えば、国立民族学博物館などと共通する博物館の性格を持っていることがなかなか理解されていないようである。露出展示が少なく、ほとんどの資料が展示ケースに入っているものの、新しい資料もあるという点で両者の展示手法が混在しているように見え、来館者が受けるイメージに影響しているかもしれない。

また、世界中のどの民族文化にあっても、外来の要素を取り入れて、独自の構成を展開させているところに、それぞれ固有の文化が見えるのである。これは、いわゆる日本・和人文化においても同じことが言えるだろう。

例えば、一九世紀ごろのアイヌ民族のうち樺太アイヌは野鍛冶を行っていたが、本格的な製鉄は行わなかった。ナイフなどは周辺諸国家から輸入してきたのであり、基本展示室内でも数か所で説明しているのだが、個々のキャプションにおいて輸入品と示すべきであるという意見もある。しかし、世界中の多くの民族文化を見ても、周辺との交易なくしては自文化の成立はないと言ってよいほど物品の輸出入の割合は大きい。あえて言えば、自給自足で閉鎖的な経済活動を行っている民族文化は、過去を振り返ってみてもほとんどないと言える。

和人を例にとっても、「鎖国」と説明される江戸時代であっても、数か国に限定した貿易を行っていたわけである。さらに、それ以前にヨーロッパから取り入れられた天ぷら、金平糖など今も名前の残っている料理などは少なくない。現在の和食ないし伝統的な食文化となっているもののなかには、本をただせば外来の

写真5　調査研究と伝承活動によって復元された樺太アイヌのクマつなぎ杭

要素だということもあり、それ自体は日本・和人文化の大きな魅力であり、見逃せない事実である。明治以降はさもありなんで、和食となっている豚カツの「カツ」が外来語だとどれほどの人が認識しているだろうか。アイヌの食文化においても、外来の栽培食物を取り入れて伝統料理となったメニューがあるわけで、和食の構成とパラレルに見ていきたい。

おわりに

展示検討委員会およびワーキング会議では、アイヌの言語や文化、そしてそれらが置かれてきた歴史についてあらゆる議論がなされてきた。おそらく、多くのウポポイ入場者は、はじめてアイヌ文化を知る人が多いだろうということを念頭において、予備知識がない人にも理解できる展示が模索された。博物館を開館してわかってきたことの一つに、アイヌ民族のことを知らない人にとっては、いわゆる異民族、異文化をいかにわかりやすく見せるかが大事だということがある。一つの資料に関していえば、単にキャプションを置くだけではなく、資料のどこに注目すべきか、作り手はどう考えているか、調べるとどのようなことがわかるのか、などの着眼点を明示し、理解を助ける工夫が必要である。現在、展示をいかにわかりやすく、かつ魅力的にするのかということを中心に、当館の展示に関して外部委員から意見をもらっているところである。

来館者には少しでもアイヌ文化への関心をつないで、ひいては日本社会の将来像を各人に描いてもらいたいと願っている。展示検討委員会およびワーキング会議での議論を振り返りつつ、展示資料の更新のたびに見直していきたい。

第七章　国立アイヌ民族博物館の展示室で見えてくる、最前線の教育普及活動の課題

笹木一義

はじめに

前章までは、アヌココロ アイヌ イコロマケンル（国立アイヌ民族博物館）の設立経緯、展示開発などについて述べられてきた。いずれも日本国内の博物館ではこれまであまり見られなかった、もしくは世界で初めて試みることを含んでいる[1]。

その中でも、「最前線」の現場のひとつであると考えるのが、博物館の基本展示室やプログラムの現場で起こる、来館者と館の研究学芸スタッフとの関わり、であろう。それは週末などのプログラムの場で起こり、展示室解説対応を含む日々の教育普及活動のなかで起こるもの、とも言える。

筆者は二〇一七（平成二九）年より博物館設立準備室に加わり、教育展示とも呼ぶことができる「探究展示 テンパテンパ（以下「探究展示」[2]）の開発や、PR活動、

（1）当館の設立経緯、設立目的については、本書第二章（内田）、第五章（佐々木）、参考文献（佐々木 二〇二〇）ならびに以下のウェブサイトにまとめられている。
文化庁ウェブサイト「アイヌ文化の振興等」、https://www.bunka.go.jp/seisaku/bunkazai/ainu/（閲覧日　二〇二二年七月一九日）
国立アイヌ民族博物館ウェブサイト「博物館について：館長からのご挨拶」、https://nam.go.jp/about/（閲覧日　二〇二二年七月一九日）

（2）探究展示については、本書コラム（奥山）を参照。

開館準備に携わった。また、館の研究の専門グループとして教育グループに所属して研究を行いつつ、昨今は教育普及室にて業務を行っている。

開館からまる二年となった現時点にて、準備室時代を含めてこれまでの教育普及活動や展示室での対話でのやりとりを振り返りつつ、開館前後に悩み、議論を重ねる中で見えてきた、この博物館ならではの直面する日々の課題、難しさを分析してみたい。

また、昨今国際的に議論されている「博物館の社会的役割」や、「博物館の定義の再考」の内容は、当館の教育活動に求められる視点と無縁ではなく、むしろその「役割」や「定義」の最前線に降り立たざるをえないとも考えられる。本論考ではそれらを織り交ぜて考察する。

当館と来館者の置かれている状況

まずはじめに、当館と来館者の置かれている現況について取り上げる。

当館はコロナ禍の中での開館となり、まる二年が経った。団体キャンセルなどもあったなかで、二〇二一（令和三）年度の当館の来館者数は合計一六万九四六八人、一日平均六四四人である。その内訳は、一般来館者が約七三・〇%、学校団体が約二七・〇%である。[3]　一般来館者の内訳でみると、北海道内からが六五・九%、北海道外からが三四・一%となっている。[4]

（3）国立アイヌ民族博物館調査研究プロジェクト（A基幹研究）2021A01「博物館利用者ならびに、国立アイヌ民族博物館基本展示の展示観覧行動と展示評価に関する研究」の初年度報告より。

（4）二〇二一年三月一日から二〇二二年三月一九日の期間の、入館予約システムからの予約枚数一〇万八二五一人から集計したもの。

ここで「歴史にふれるきっかけ」について述べると、北海道の学校教育では、いわゆる「内地」、本州以南の歴史とともに、「北海道の歴史」をパラレルで学ぶ特色がある。時代区分として、本州以南の区分が「縄文、弥生、古墳」と続くところを、「縄文、続縄文、擦文」「オホーツク文化」などとして「北海道」の歴史を学ぶ(5)。ただ、約一五〇〇年前に和人(6)に「北海道」と名付けられる以前から、ヤウンモシㇼ（北海道の呼び名のひとつ）にアイヌ民族は暮らしてきた事実がある。

次に全国に目を向けて、アイヌ民族の歴史と文化、そして現在についての認知状況を見てみたい。内閣府が二〇一三（平成二五）年から実施している世論調査の結果がある。（図1）

当館ならびにウアイヌコㇿ コタン（民族共生象徴空間）の開館直前には大規模なプロモーションが行われたため、開館前の二〇一六（平成二八）年と二〇一八（平成三〇）年の調査を取り上げる。

認知状況の回答を見ると、「明治時代以降、多くのアイヌの人々が非常に貧しく独自の文化を制限された生活を余儀なくされたこと」については約四割、「現代では、他の多くの日本人と変わらない生活様式で生活しており、北海道以外にも全国各地で暮らしていること」については約三分の一の認知となっている(7)。

開館後の二〇二〇（令和二）年調査と単純比較はできないが、上記二つの認知について、それぞれ四六・五%、三八・八%となっている。各来館者が持つ情報量

（5）本州以南の歴史は考古学および政治・時代的変化で区切った時代区分だが、北海道の歴史区分は考古学的文化として分けられたものとして異なるものである。

（6）「和人」の説明として、当館基本展示室のキーワードに下記の説明がある。
「【シサㇺ *sisam* ／シーサㇺ *siisam*】（和人、シャモ Wajin（ethnic Japanese））、一九世紀までは本州などから渡来してきた人たちを指し、現在はアイヌ民族に対して日本の多数者のことを指します。」

（7）以下の世論調査の附帯調査の結果を筆者が再構成した。
内閣府「世論調査」ウェブサイト（令和二年度、平成三〇年度、平成二七年度の附帯調査）いずれも閲覧日　二〇二一年七月一七日。
https://survey.gov-online.go.jp/hutai/tindex-r02.html
https://survey.gov-online.go.jp/tokubetu/tindex-h30.html
https://survey.gov-online.go.jp/tokubetu/tindex-h27.html
なお、二〇二〇年一一月の調査は新型コロナウイルスの状況を鑑み、郵送

の違いがあるにせよ、約六、七割の来館者が、北海道を含めた全国から、認識不足のまま象徴空間や当館を訪れていることが考えられる。

また、状況整理の要件として「答えや解釈がひとつではない部分」がある。アイヌ語は二〇以上の方言があり、料理の方法や名前、着物の呼称、など様々な部分での地域差が存在する。北海道は、面積的には本州に重ねると千葉県から大阪府まで覆うぐらいの広さがある。「都府県」の規模を複数またぐほどの広さの中に暮らしがあるのだから、地域差も当然あり、各地域に伝わる事象も多数ある。樺太や千島のアイヌ文化や方言もある。来館者のなかには「共通するひとつのクリアな答え」を欲する人もいるが、それに対しては「様々な事象がある」という答え方になる。その認識を適切に来館者に伝えるためには、後述する対話が必要であると考えられる。

一方で、展示フロアで「アイヌ民族は過去にはいたが今はもういない」「日本は単一民族国家である」などのような言説に出会った場合に、当館としてのスタンスをもとに伝えなければならない場面もある。

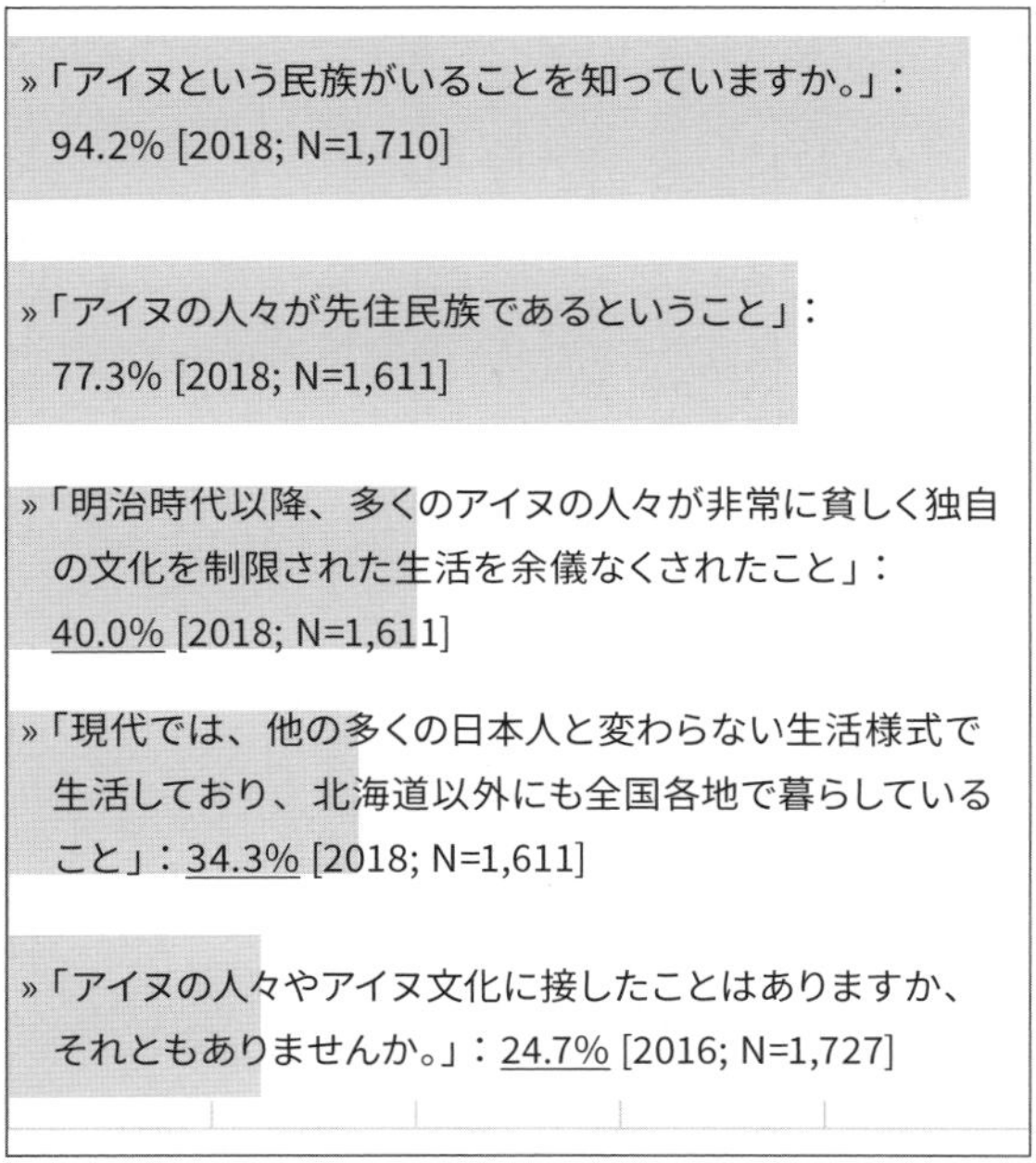
»「アイヌという民族がいることを知っていますか。」：
94.2% [2018; N=1,710]
»「アイヌの人々が先住民族であるということ」：
77.3% [2018; N=1,611]
»「明治時代以降、多くのアイヌの人々が非常に貧しく独自の文化を制限された生活を余儀なくされたこと」：
40.0% [2018; N=1,611]
»「現代では、他の多くの日本人と変わらない生活様式で生活しており、北海道以外にも全国各地で暮らしていること」：34.3% [2018; N=1,611]
»「アイヌの人々やアイヌ文化に接したことはありますか、それともありませんか。」：24.7% [2016; N=1,727]
図1　日本におけるアイヌに対する認知状況(7)

法で実施された。二〇一八年七月調査までは、調査員による個別面接聴取法のため、二〇二〇年との単純比較は行わないことが記載されている。

アイヌ民族に対する差別や、ネット上のヘイトスピーチなども依然として存在するが、悪意がなかったとしても、そのようなことを展示フロアで尋ねられることもしばしばある。

当館では開館の約三ヶ月後、二〇二〇年一〇月に、ウェブサイトに「よくある質問―アイヌの歴史・文化の基礎知識」として一五の質問と回答集を掲載した。(8)先住民族の定義や先住民族が置かれてきた社会状況は各国・地域によって異なるため、それについて世界中で普遍的に通じる答えを出すことは難しいが、「アイヌ民族はなぜ先住民族として認められているのですか?」「アイヌ民族は日本人とはちがうのですか?」などの質問について館としてのスタンスと統一した見解を記載している。

これらの状況については、長いスパンでの教育の問題などが関わっていると考えられる。そして、少なくともアイヌの歴史と文化、現在のアイヌ民族の状況について、来館者の多くは基礎的な知識はおろか、その存在すら気付いていなかったという状態である。(9)まずそこから基礎知識を身につけてもらうために、来館者の博物館体験にどのように関わっていけばよいだろうか。

開館準備と展示開発の過程でみえた課題

準備室の時代から、探究展示の開発の過程や、北海道内外でのＰＲ活動、そ

(8) 国立アイヌ民族博物館ウェブサイト「よくある質問―アイヌの歴史・文化の基礎知識」、https://nam.go.jp/inquiry/（閲覧日　二〇二二年七月一九日）

(9) 笹木（二〇二一）九八―一〇〇頁。

して展示の試行等のなかで課題点がいくつも現れていた。それらは単に展示制作時の留意事項というだけではなく、開館後に展示室にて来館者と向き合うときに、どのように解説し、コミュニケーションをとるのか、という部分でもあり、すなわち日々の博物館教育の場面に関わっていく事項であった。展示室での事例に入る前にいくつか示したい。

・過去と現在、進行形

探究展示の試行を、東京や北海道で実施した際に「過去のこと、現在のこと」を適切に伝えることの重要さを痛感した[10]。例えば模型で伝統的な家屋の仕組みを体験できるユニットを試行した際に、子どもだけでなく保護者の年代にも、「アイヌ民族が現在も茅葺きの家に住んでいる」とミスリードされることがたびたびあった。このユニットの名称を「テエタ チセ むかしの家」というように「テエタ むかしの」と強調したきっかけでもある。特に当館の展示室では、古い資料と、新しく復元された資料の両方があり、また取り上げられている事象も、儀礼、衣、食、住、芸能、しごとの道具、交易に使われた舟など多岐に亘る。それらについて、「使われていた（現在は日常的には使われていない）」（例：伝統的家屋）／「現在も使われている」（例：祭具）／そして「変容しながら使われている」（例：料理）を、できるだけ正確に伝えることである。それは展示開発時であれば文言

（10）笹木（二〇二二）一〇八―一一一頁。

の言い回しや翻訳の時制に、開館後は解説の際の受け答えに、入念な配慮が求められる[11]。また本書第六章（田村）でもふれられている、ステレオタイプのイメージにも関わると考えられる。

・教育活動のねらいの設定

館内外での活動において、当館による博物館教育のねらい自体を、展示の試行や開発の途中で再考させられる機会があった。当館の設立の理念は、本書第五章（佐々木）等にも記されており[12]、それを鑑みながら博物館教育を行うことは当然であるが、博物館が象徴空間の中にあり、「ウアイヌコロ 互いを敬う」につなげる活動も求められるはずである。またそのためには、来館者に「自分のこと」として認識する機会を提供することも必要になるはずである。例えば、導入展示のねらいである「あなたも世界の中の一民族である」、「あなたの身近にこれだけ言語や文化の違いを感じるチャンスがある」[13]が、博物館教育として博物館と象徴空間に来て持ち帰るもの、すなわちtake home messageとして求められるのではないか、と考えている。「自分とは関係のない、縁遠い、アイヌ民族、アイヌ文化」ではなく、「自らの周りにも、自分が気づけていないだけで、隣人として暮らしているかもしれない、アイヌ民族とアイヌ文化」としての気づきを起こさない限り、「イメージ」や「聖化」などに留まってしまうのではないか、そして多文化の理解、

（11）具体的にどのような表現に留意すればよいのかについては、公益社団法人北海道観光振興機構アイヌ文化分科会ワーキンググループ（二〇一九）にある、「ガイド・解説検討のポジティブチェック・ネガティブチェック表」に一〇項目で記述があり、「過度の神秘化や、過剰な意味づけをしない。」、「地域性や歴史性に配慮する（小さな主語で語る）。／安易な一般化や、過去と現在を混同していないか。」などが示されている。

（12）佐々木（二〇二〇）七―一〇頁。

（13）田村（二〇二〇）。

（14）笹木（二〇二二）では、当館で基本展示に連携した教育普及ツールを開発する場合、ツール全体として目指す目的としては、(1)アイヌ文化に親しみを持つこと、(2)アイヌ文化についてなんらかの理解を得て持ち帰ること（take home message）、(3)自文化への自覚、(4)多文化共生への意識を持つこと、でありこれらの点を伝えるため、博物館体験を通じて支援することが挙げられる、と述べている。

（15）滋賀県立琵琶湖博物館の「おとなのディスカバリー」内の「質問コーナー」など。

多民族の理解には進み得ないのでは、という視点で開発を行うようになった。(14)

・誰が展示フロアに立つのか

当館では開館時より、エデュケーターだけでなく、全ての研究学芸スタッフが、持ち回りで展示フロアに立つ体制を取っている。（写真1・2）

このようなかたちは、他館でも事例はあるが決して多くはないだろう。(15) それは、当館が来館者からの質問に、現在の研究進行状況のなかでできるだけ適切に答えることを目指している、もしくは使命づけられているとも言える。先述の世論調査のような認知状況のなかで、誤解をとき、またミスリードが起こらないようにしていく活動とも言える。また、デリケートな内容も多いため、数回程度の研修では対応困難であり、国立の博物館の展示フロアでの活動として、学芸スタッフ以外の人員に委ねることが現実的に不可能という状況もある。

逆に、後述するような展示フロアでのやりとりが、ただの質問と回答だけでなく、対話につながることもある。これらの対話は、開館中に毎日起こりえる博物館教育活動でもあり、展示フロアでの対応が当館にとって特に重要な活動であることを示すものとも言える。

写真1・2　基本展示室での来館者と研究学芸スタッフとの対話

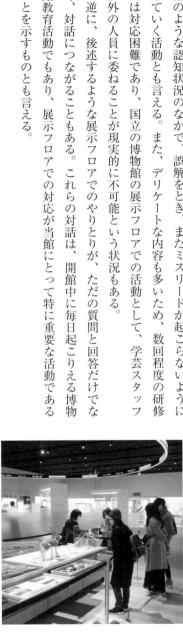

展示フロアなどでの質問、対話の事例

それでは、当館の日々の「最前線」の現場ともいえる展示フロアでの質問、対話の事例について、いくつかを紹介する。研究学芸スタッフが交替制で担当するなかでの筆者が実際に対応した事例であるため、あくまでも一例として理解いただきたい。

・事例：「○○さんはアイヌ人だったんだ」

基本展示室の大テーマ「私たちのしごと」のなかの、中テーマ「現代のしごと」のコーナーは、北海道内外、国内外で活躍されている方がたの「しごと」を紹介する展示であり、アイヌ民族であるという意識の在り方やあらわれ方は色々であることを示そうとしている（本書一七一頁表3）。この展示を観ていた家族連れ（四〇代と思われる父母と小学生兄弟）の父親から、「○○さんはアイヌ人だったんだ」とやや驚きの口調で筆者に話しかけられた。この方に限らず、国籍と民族、アイデンティティについて混同したまま感想や質問を投げかけてこられる方は多い。

その際に、お子さんが一緒であることも認識しつつ、「日本人の、アイヌ民族、ですよね」という返しから対話を始めることが多い。国籍としては同じ日本人であり、「日本人」のなかに民族が複数あり、生活している人がいる、と続けるようにしている。特に、子どもが差別的な考え、言説を持つきっかけとして、一番

身近な家族の言説に影響されるということがあるため、悪意の有無に関わらず、子どもにも同じような言説が伝わることを回避したい、という考えもあった。先述した博物館の「よくある質問」にも、「国民」と「民族」の二つの意味について述べられているが、近代国家の形成との関わりまでその場で話すべきか、悩ましいときもある。

・事例：アイヌ語と文字について

アイヌ語は、日本語とは異なる言語であり、口承で伝わってきた言語であるが[16]、文字の有無について、来館者に声をかけられることがたびたびある。口承で伝わってきており、「文字を必要としなくとも伝わってきた（文字を独自に記すこともあった）」のであるが、「文字がない」＝「文化や歴史の蓄積がない」という誤解も多い。同化政策、差別、マジョリティ側の言語で運用される社会等の様々な要因から、アイヌ語はユネスコにより危機言語として警鐘を鳴らされている状態であり、その復興（リバイタライズ）に博物館も関わることを公言しているが、そのためにもアイヌ語の特徴や現況について適切に伝える必要がある。

世界中に数千の言語があると言われるなかで、文字をもたない言語が多数あることを伝えるとともに、「私たちのことば」展示の音声を通じて流れてくる神謡や英雄叙事詩、散文説話を通して、多くの情報量が蓄積されていることなどを伝

（16）当館でのアイヌ語の表記については、本書第三章（小林）、第四章（深澤）を参照。

える。また、日本語の場合にひきつけて、日本語で現在使用している文字も、もとは海を越えて伝わった漢字から変容したものであることなど、相対化の視点を伝えることもある。

また、文字とメディアの視点として、アイヌ語で使われる「ㇷ゚」や「ㇵ」などの小さいカナ文字が、Unicode3.2で定義されていることなどを話すこともある。(17)

・事例：「アイヌは今もいるんですか」

最も深刻な事例のひとつとして、アイヌ民族は伝統的なくらしをしていた過去の民族であり、展示されている事物は過去の話である、という前提で声をかけてくる来館者も、北海道の内外からに関わらずそれなりの頻度でいる。先述したステレオタイプの表象も理由のひとつであると筆者は考えているが、どうしてそう思うのか、そして世論調査の認知状況、そして差別等でアイデンティティを明かせずに暮らす人が多くいるであろうこと、などを話すようにしている。博物館のアイヌ民族の同僚で、アイデンティティを表しているスタッフは「いますよ、私が今ここに」と答えることがあるが、アイデンティティを示すか否かは個々のデリケートな事象であり本人が判断することである。和人の私が言えることは限られてしまうが、後述する解説ツアーなどでは現在のことは必ずふれるようにしている。

(17) 詳細は、『アイヌタイムズ』第六六号（二〇一七年）のウェブ記事「アイヌ語入力プログラムオルシペ」ならびにApple社ウェブサイト「Macでアイヌ語の英字とかなの文字対応を調べる」を参照（閲覧日　いずれも二〇二一年七月一七日）。
http://aynuitak.at-ninja.jp/kana_utf-8/AT66_ain_jp_eo_utf8.htm
https://support.apple.com/ja-jp/guide/japanese-input-method/jpimce21c292/mac

基本展示で伝えようとしたこと、基本展示室での対話に向けて

・対話の必要性

いくつかの展示フロアでの来館者との対話の事例を取り上げたが、これらのやりとりをするときには、「知識の伝授、啓蒙」ではなく、「対話」になるように心がけている。（写真３・４）

館側が伝えたいことや客観的な事実を知識として詰め込む、という発想で通じるのであれば、これまでに少しでも状況が改善しているのではないか。旧アイヌ民族博物館時代から勤務していた同僚に、展示フロアで聞かれることが変化してきているか、と聞いた際に、「なかなか変わらない」「一〇年前、もっと前と同じことを今も聞かれる」と返答があった。来館者にとって自分ごとになっていない事例についていくら頭ごなしに「啓蒙」したとしても、それがその来館者の認識、考え方、立場にふれる方法になっていなければ伝わりにくく、また多民族共生、多文化共生、という行動変容にはつながらないのではないか、と考える。「立場を変えて考えるとどうなるか」「どうしてそのように思うのか」というやりとりの対話が、展示やプログラムと両輪になっていくことが必須であると開館前後から考えている。

写真３・４　「探究展示　テンパテンパ」での対話

・基本展示室解説ツアーでの活動

コロナ禍のなかで、フロアでの解説対応はこつこつと蓄積、継続してきたが、一対多の対話、あるいは双方向対話は行うことができなかった。展示のねらい、気づきを伝えるにはどうしたらよいのか、また来館者に少しでも自分ごととして考えてもらうためにはどうしたらよいのかという模索の中、当館も動き始めている。

それは常設展示の解説ツアーのプログラムであり、二〇二二（令和四）年三月から数回実施している。第一弾として、基本展示室解説ツアー「展示を見る前のアイヌ博ガイド『イコロトゥンプをまわろう！』」を設計した。（写真5・6）

「イコロトゥンプ」とは、当館の基本展示室のアイヌ語名称である。イコロ（宝）の語を当館では博物館の資料に対しても用いており、「宝がある部屋」という意味で表している。

六名規模で三〇分間の小規模なこのツアーは、「展示を見る前の」と銘打っているが、きちんと展示室内をまわるツアーである。この名称にした理由として、アイヌ民族の歴史や文化、その現在にふれるにあたり、来館者が現状の展示室を補足情報なしで観た場合に伝わりにくい部分があると考えたためである。そのためアイヌ民族の現況や館のコンセプト、活動のねらい、どうしてこの博物館ができたのかについて、関連する展示の目の前で語ることを目的として企画した。

写真5・6　基本展示室解説ツアーの様子

伝えるべき項目としては下記を設計した。

「アイヌ語が第一言語であることとその理由・活動」／「着物の晴れ着と普段着のこと」／「古い資料と新しい資料がある理由」／「現在のしごと」など

まだ始まったばかりの解説ツアーではあるが、各論にふれるツアーを今後増やしつつ、この博物館で伝えたいことは何か、という問いを持つこのツアーも継続して実施していきたい。

博物館の社会的役割と、当館での教育普及活動

ここまで本書を読み進めたかたの中には、当館の活動のねらい、特徴、働きかけなければならない課題の概況と重さとともに、「博物館とはこのようなことまで行うのか」と感じるかたもいるのではないか。昨今、海外そして日本の博物館に求められる「博物館の社会的役割〈Social role of museums〉」が頻繁に議論されており、国際的に「博物館の定義」を見直していくような動きがいままさに進行中である。

筆者は、この博物館の定義、社会的役割の面でも、当館が新しい定義のなかで「最前線」の活動をせざるをえない博物館となっていると考える。定義にかかる国際状況を共有していきたい[18]。

日本の博物館法（一九五一年／一部改正二〇二二年）で定められている博物館の四

（18）青木（二〇二〇）、井上（二〇一五）、栗原（二〇二二）、栗原（二〇二一）、布谷（二〇一三）より。詳細は各文献ならびにICOMのウェブサイト（https://icom.museum/en/resources/standards-guidelines/museum-definition/）を参照（閲覧日　二〇二二年七月三一日）。

つの機能は「収集・保管、調査研究、展示・公開、教育・普及」である。これらが博物館の必須かつ基盤となることには異論はないであろう。井上（二〇一五）は、この機能（function）を全うすることで社会的役割を果たしているということも間違いではないが、機能と役割（role）は別の次元で考える必要があるのでは、と述べている。

　国際的な視野で観ると、ＩＣＯＭ（国際博物館会議）における博物館の定義は、（a）一九七四年時点の考えかたが生きていると言われる二〇〇七年定義、（b）採択延期された二〇一九年定義（案）、（c）再度熟考された二〇二二年定義、という大きな流れの中にある。

・(a) 二〇〇七年の定義

「博物館とは、社会とその発展に貢献するため、有形、無形の人類の遺産とその環境を、教育、研究、楽しみを目的として収集、保存、調査研究、普及、展示する公衆に開かれた非営利の常設機関である。」（ＩＣＯＭ日本委員会訳）

・(b) 二〇一九年九月、ＩＣＯＭ京都大会にて採択延期された案

「博物館は、民主化を促し、あらゆる人々を受け入れ、多様な声が響きあう空間であり、その目的は過去と未来についての批評的な対話である。現在の対立・

（19）二〇一九年案の原文は以下の通り。
Museums are democratizing, inclusive and polyphonic spaces for critical dialogue about the pasts and the futures. Acknowledging and addressing the conflicts and challenges of the present, they hold artifacts and specimens in trust for society, safeguard diverse memories

紛争や課題を認識し、それらを具体的に記述することによって、博物館は人類の遺産や標本類を社会からの付託として保管し、未来の世代のために多様な記憶を保護するとともに、遺産への平等な権利とアクセスをすべての人々に保証する。

博物館は、営利を目的としない。博物館はすべての人が直接関わることができる、かつ公明正大な存在であり、人間の尊厳や社会の正義、全世界の平等と地球全体の幸福への寄与を目指して、多様なコミュニティとともに、また多様なコミュニティのために、積極的に連携・協力しながら、収集、保存、研究、解説、展示し、世界についての理解を広げる。」（青木（二〇二〇）の訳[19]）

・(c) 二〇二二年八月二四日、ICOMプラハ大会にて採択された新定義

「博物館は、有形及び無形の遺産を研究、収集、保存、解釈、展示する、社会のための非営利の常設機関である。博物館は一般に公開され、誰もが利用でき、包摂的であって、多様性と持続可能性を育む。倫理的かつ専門性をもってコミュニケーションを図り、コミュニティの参加とともに博物館は活動し、教育、愉しみ、省察と知識共有のための様々な体験を提供する。」（ＩＣＯＭ日本委員会の訳[20]）

国内でもＩＣＯＭ日本委員会を中心に、二〇一九年案や二〇二二年案に至るプロセスで意見聴取や提案募集、オンラインの議論などが行われた。特に採択延

for future generations and guarantee equal rights and equal access to heritage for all people. / Museums are not for profit. They are participatory and transparent, and work in active partnership with and for diverse communities to collect, preserve, research, interpret, exhibit, and enhance understandings of the world, aiming to contribute to human dignity and social justice, global equality and planetary wellbeing.

（20）新定義の原文は以下の通り。
A museum is a not-for-profit, permanent institution in the service of society that researches, collects, conserves, interprets and exhibits tangible and intangible heritage. Open to the public, accessible and inclusive, museums foster diversity and sustainability. They operate and communicate ethically, professionally and with the participation of communities, offering varied experiences for education, enjoyment, reflection and knowledge sharing.
（https://icomjapan.org/updates/2022/09/14/p-3093/）を参照（閲覧日　二〇二三年九月一五日）。

期になった二〇一九年案では、かなり大きな考え方の変更がある定義として、激しい議論となった。筆者も、もし当館に勤務していなければ、「人間の尊厳や社会の正義への寄与 contribute to human dignity and social justice」、「全世界の平等と地球全体の幸福への寄与 global equality and planetary wellbeing」などの文言に後ずさりしていたかもしれない。だが、当館がおかれた状況、そして館のミッションを鑑みると、これらの項目はむしろ当館が「最前線」になるべき、ならざるをえない定義であると強く感じた。また、「多様なコミュニティとともに、また多様なコミュニティのために、積極的に連携・協力しながら work in active partnership with and for diverse communities」ということも、アイヌ民族のソースコミュニティ、そして和人、国内外のコミュニティとどう関わるか、という部分でも近いものと感じられた。

二〇二二年八月二四日にプラハ大会で採択された案は、一八ヶ月間、一一のステップをかけて丹念に検討が進められ、採択された。筆者は京都での延期とプラハでの採択の両方の場にいることができたが、様々な分断の危機を乗り越えての採択に会場は熱気を帯びていた。

「有形及び無形の遺産 tangible and intangible heritage」、「倫理的かつ専門性をもって……コミュニティの参加とともに ethically, professionally and with the participation of communities」などが、博物館の活動に含まれるものとして明確に定義された。それは当館のミッション、多民族共生に向けた活動が博物館としてなすべき行動であることのひとつの論拠となるかもしれない。またそれは日本や世界の博物館が行っていくべき活動、社会的役割が持つ意味が変化してきていることの表れでもある。

まとめと今後の博物館教育に向けて

博物館の定義の国際動向をみていくと、当館で行おうとしている試みは流れにそった、むしろ進めるべきものでもある。だが、社会は複雑であり厳しくもあり、その道のりが険しいことは、開館準備の数年間でもすでに筆者の痛感している部分である。いまは田村（二〇二〇）でも述べられているように、展示の内容や伝えるべきメッセージも、「そもそもアイヌ民族のことをよく知らない（初めて知る）来館者を対象とすることが大前提」であり、「日本のマイノリティに関する展示を見る層のターゲット（主にマジョリティである和人向け）の議論」になってしまっている。博物館からのメッセージが伝わり、事例で示したような問いかけが減ってくるには今後何年、何十年かかるだろうか。また、来館者には当然和人以外のアイデンティティをもつ人々、すなわちアイヌ民族、そのほか、世界の様々な文化を持つ様々な民族が来館するなかで、和人向けの議論だけに終始していてはもちろんいけない。展示のメッセージが伝わっているか、ミスリードされていないかなどは、実際の来館者調査を行わなければわからないものであり、それにもとりかかり始めたところである。そして今はゼロ以下ともいえるアイヌ民族に対する認知の状態について、プラスマイナスゼロになる時がきたときに、博物館はその後何をどうはたらきかけるのか。いずれも重く大きい課題である。

五月女（二〇一二）は、大阪の国立民族学博物館の貸出用学習キット「みんぱっく」のひとつ「アイヌ文化にであう」のキットを体験した、小学四年生の感想を紹介している。「同じ日本の中なのに、文化がたくさんあって不思議」という感想である。

また、当館の特別展示のアンケートの回答の自由回答欄の中に、「終日展示を観たが、一日では文化は簡単に理解できないことがわかった」という回答を見つけたことがある。また、筆者が、これまで一例だけであるが、本州から来た五〇代ほどの男性より「『私たちのしごと』の展示はなぜあるのかわからない」と声をかけられたことがある。理由を聞くと「いろんな職業について暮らしている人が今いることは当たり前ではないか」と答えがあった。

まだ先は長い道のりと思えるが、このような気づきを含む回答が当館、そして館外でも、ほんの少しずつでも出てきていることを最後に紹介して、今後も当館の博物館教育を行っていくことを述べつつ、本論を終える。

付記

本稿は、SASAKI et al.（2022）の内容の一部を基礎として、今回本稿を執筆するにあたり論点の再整理を行い、加筆・構成再編を行ったものである。

また、本稿の一部は、国立アイヌ民族博物館調査研究プロジェクト（A基幹研究）2021A01「博物館利用者ならびに、国立アイヌ民族博物館基本展示の展示観覧行動と展示評価に関する研究」の成果の一部によるものである。

参考文献（著者五十音順）

青木加苗「ＩＣＯＭ（国際博物館会議）の意義とは何か？　いま、あらためて京都大会を振り返る」ウェブ版美術手帖、二〇二〇年二月一六日、https://bijutsutecho.com/magazine/insight/21339（閲覧日　二〇二二年七月一三日）

井上由佳「博物館と教育そして社会における役割――ジョージ・Ｅ・ハインの来日公演から」『人間の発達と博物館学の課題――新時代の博物館経営と教育を考える』同成社、二〇一五年、五六―七五頁。

北原モコットゥナシ「つないでほどくアイヌ／和人」『北海道大学アイヌ・先住民研究センターブックレット』第一二号、北海道大学アイヌ・先住民研究センター、二〇二二年。

栗原祐司「ＩＣＯＭレポート　ＩＣＯＭ博物館定義見直しの動向」『博物館研究』第五六巻第六号、日本博物館協会、二〇二一年、二九―三〇頁。

栗原祐司「ＩＣＯＭレポート　最終段階のＩＣＯＭ博物館定義見直し」『博物館研究』第五七巻第六号、日本博物館協会、二〇二二年、三八―三九頁。

公益社団法人北海道観光振興機構アイヌ文化分科会ワーキンググループ編『アイヌ文化・ガイド教本』北海道観光振興機構、二〇一九年。

五月女賢司「フォーラム性を追求する国立民族学博物館」小笠原喜康、並木美砂子、矢島國雄編『博物館教育論　新しい博物館教育を描きだす』ぎょうせい、二〇一二年、一〇四―一〇七頁。

笹木一義「多民族共生に向けて博物館ができること――国立アイヌ民族博物館の開館とその社会的役割」小川義和、五月女賢司編著『発信する博物館――持続可能な社会に向けて』ジダイ社、二〇二一年、九四―一一七頁。

SASAKI, Kazuyoshi; OKUYAMA, Hideto; OSHINO, Akemi and SATO, Yuka, "How to interpret and have a dialogue with visitors of the National Ainu Museum in order to bridge gaps in knowledge concerning indigenous people and culture.", Market of ideas, ICOM CECA（International Councils of Museums International Committee for Education and Cultural Action） Conference, Prague, Czech Republic, 2022.

笹木一義「国立アイヌ民族博物館の教育普及ツール開発Ⅰ：着物のぬりえワークシート」『国立アイヌ民族博物館研究紀要』第一号、二〇二二年、八〇—一〇一頁。

佐々木史郎「アヌココロ アイヌ イコロマケンル 新国立博物館設立への道」『季刊民族学』第四四巻第一号、二〇二〇年、三—一〇頁。

田村将人「国立アイヌ民族博物館の基本展示で伝えたいこと」『artscape』二〇二〇年一二月一五日号、https://artscape.jp/report/curator/10165945_1634.html（閲覧日　二〇二二年七月一三日）

布谷知夫「博物館の社会的役割を意識的に考えよう」『博物館研究』第四八巻第一号、日本博物館協会、二〇一三年、五—八頁。

column

「探究展示 テンパテンパ」とは

奥山英登

基本展示室内に、六つの大テーマの展示とは少し様子の異なった三つのコーナーがあることに気づくかたも多いと思います。サケの模型やミニチュアサイズの民族衣装、ジオラマ、たくさんの動物たちのぬいぐるみなどなど、なんだかにぎやかなところです。

「探究展示 テンパテンパ」（以下「探究展示」）の「テンパテンパ」は、アイヌ語で「さわってね」を意味します。先に紹介した模型やぬいぐるみなどは、ただガラス越しに眺めるのではなく、さわったり、組み立てたり、着せ替えたり、のぞいてみたり……ここは、さまざまな体験をすることで、アイヌ民族の文化や歴史について、理解を深めてもらう体験型の展示コーナーです。

三つのコーナーのうち、「t．1」と「t．2」というエリアには、一八の体験ユニットがあります。（図1）一方、「t．3」は、ぬいぐるみや絵本などがあり、じゅうたん敷きでゆったり過ごすことのできるスペースになっています。

写真1 「探究展示 テンパテンパ」t．1エリア

探究展示ができるまで

探究展示の本格的な開発が始まるのは、二〇一七（平成二九）年一一月からになります。開発に携わったのは、三名のスタッフと一名の外部監修者。三名のスタッフのうち、ひとりはポロトコタンの愛称で親しまれた旧アイヌ民族博物館の学芸員、もうひとりは科学館をバックボーンに、さらにもうひとりは動物園をバックボーンに持つ研究員、そしていろんな博物館でコンテンツ開発をしてきた監修者、という異色（?）のメンバーで構成されました。主にこの四人で議論を重ね開発していきました。

探究展示は、当初、「子供向け展示」と「国立アイヌ民族博物館展示計画」（文化庁、二〇一六年）などでは表記されていました。しかし、議論の中で「アイヌ民族の歴史や文化については、（自分たち自身を含め）大人も子供も知識の差はそれほどないのではないか?」という考えに至ります。「子供だけでなく、大人も展示体験を通して、アイヌ民族の文化や歴史について、理解を深めてもらいたい」という思いから、現在の名称「探究展示テンパテンパ」に決まります。

体験ユニットの開発は、ひとつひとつモックアップを製作し、体験内容を確認しながら作っていきました。モックアップと言っても、模造紙にフリーハンドで描いたり、ウレタンを切ったり貼ったり削ったり、ひもやモールをぐるぐる巻いたり、はた目には工作で遊んでいるようにしか見えなくもなかったかもしれません。実際モック作りは楽しかったのですが、ただ単純に「体験することが楽しい」ということだけでなく、「体験者にアイヌ文化や歴史についてなんらかのメッセージを持ち帰ってもらう」ということを大切に、モック作りから議論を深めていったのです。（図2）

こうして作り上げてきた探究展示は、二〇二一（令和三）年九月に、第一五回キッズデザイン賞の優秀賞（経済産業大臣賞）を受賞することができました。

コロナ禍の中で

二〇二〇（令和二）年初頭から始まった新型コロナウイルスの感染拡大により、国立アイヌ民族博物館の開館は二度も延期されました。さらに、開館にあたっても感染拡大防止の観点から、さまざまな制限が課せられます。「さわる」という探究展示の根本をなす行為が伴う展示も、この観点から運用を中止。体験できない探究展示を展示室内から撤去することも検討されました。しかし、せっかく作ったものが人の目にいっさい触れないということだけは避けたいと思い、パーティションを設置して「さわれないが見ることはできる」という、展示開発者としては、なんとももどかしい状態での開館となりました。

このまま手をこまねいていても仕方がありません。少しでも探究展示を活かし、お客さまにかわってスタッフが体験ユニットを操作し、お客さまと対話を行うという「かわりにテンパテンパ」を開館当初から行ってきました。また、二〇二一年一月からは、人数と時間の制限と、再度の感染防止対策を施して、お客さまに実際に体験してもらう「テンパテンパしてみよう」も開始しました。

これらの取り組みで、体験されたお客さまにはアイヌ文化や歴史の魅力について、少しでも気づいてもらったのではないかと思っています。また同時に、お客さまからは、早くコロナ禍が終息することを願う言葉をたくさんいただきました。それは、探究展示が本来もっている機能を早く自由に体験したいという、お客さまの率直な感想だと思っています。

おわりに

このコラムの執筆時である二〇二二年七月現在、まだまだ予断は許しませんが、少しずつコロナ禍前の日常を取り戻しつつあるように感じます。お客さまにももっと深く探究展示を楽しんでもらい、そして私たちももっと深くお客さまとの対話を楽しめる日常がもどって来ることを切に願っています。

写真2　探究展示開発中の議論の様子（国立アイヌ民族博物館設立準備室が置かれた北海道大学北キャンパス総合研究棟三号館）

column

国立アイヌ民族博物館のバーチャル博物館について

劉高力

国立アイヌ民族博物館バーチャル博物館の開発

ウポポイの中核施設としての役割を担う国立アイヌ民族博物館は、国内外にアイヌの歴史・文化等に関する正しい認識と理解を促進するとともに、新たなアイヌ文化の創造及び発展に寄与することを理念としている。

移動が不便な人たち、海外の人々など、簡単に来館できない方にもアイヌ文化が楽しめるように、二〇二一（令和三）年、コロナ禍の最中にバーチャル博物館の開発が決まった。当館職員が内容を検討し、民間企業の知見を活用しつつ、博物館・専門業者が連携しながらバーチャル博物館の検討を開始した。VR撮影などの先端技術を活用し、当館の基本展示、収蔵資料をコンテンツ化し、オンラインで見られるようなバーチャル博物館を作成することを目標とした。

二〇二二（令和四）年三月、国立アイヌ民族博物館のバーチャル博物館が誕生し、四月二二日、正式にオンライン公開された。

図1　国立アイヌ民族博物館のバーチャル博物館の展示室アクセス

国立アイヌ民族博物館バーチャル博物館の特徴

当館のバーチャル博物館の特徴は、ユニバーサル・ミュージアム＝誰もが楽しめる博物館である。言語・文化の壁、身体的障害を超えて、包摂的な空間を作ることを目標としている。そのため、いわゆる「視覚」的な体験に注目するだけでなく、「聴覚」にも力を入れた。特に次の三点である。

第一に、従来のマーターポート上のバーチャル博物館には珍しい、自動音声解説コースを開発した。バーチャル博物館のページに入ると、まず当館館長のアイヌ語挨拶を聞くことができる。下にスクロールすると音声コースがあり、コースを選択すると、日本語、英語、中国語、韓国語の自動音声解説を聞くことができる。これらの多言語音声は、当館の職員本人の出演であり、収録・編集も当館職員が行った。研究員たちが自らの理解に基づく説明により、アイヌ文化を正しく伝えることができた。

第二に、大人だけでなく、子供も楽しめるように、解説文をわかりやすく簡潔にまとめた。コンテンツは文字よりも映像、音声を主とした。AI機能を搭載した赤外線三六〇度スキャンカメラにより、現実空間がデジタルに3Dで再現され、その全方位の映像によって、博物館全体を自由な角度から眺めることができる。また、個人のペースでゆっくり見学することもできる。

第三に、実物展示とオンライン資源を整合させた。当館が展示している資料

入門（音声解説付き）コース
音声ガイドとともに展示室を巡ります
入室後、自動再生が出来ない場合、左下の再生ボタンを押してください
コースを見る

図2　国立アイヌ民族博物館のバーチャル博物館の音声コースバナー

は収蔵品のごく一部であり、ほかにも多くの資料が収蔵庫にある。収蔵品データベースはウェブページからアクセスできる。

博物館売店で販売しているアイヌ工芸品も、ウェブページからオンラインショップにアクセスすれば購入可能となっている。それらの機能をわかりやすく利用できるように、バーチャル博物館の空間に仮想什器をおいてリンクを作成した。さまざまな資源へのツールをまとめ、有効活用を実現させている。

なお、二〇二二年八月に第26回国際博物館会議ＩＣＯＭプラハ大会が開催され、ＡＶＩＣＯＭ主催の映像祭「F@imp 2021 & 2022」にて、国立アイヌ民族博物館のバーチャル博物館ツアーを題材にした「National Ainu Museum Virtual Tour」が金賞を受賞した。金賞の受賞は日本国内の博物館では初めてのことであり、当館のバーチャル博物館にとって大きな励みになる。

将来の展望

新技術によって、世界中の博物館がバーチャルミュージアムを作成してオンラインで公開、アピールをしている。実物展示による収蔵品損傷という心配がなく、コンテンツを更新しやすいなどのメリットがあり、実物展示以外に、フレキシビリティがあるバーチャル展示も博物館の理念を表すのに不可欠なツールになっている。

図3　バーチャル空間内収蔵品データベースへのアクセス

展示においては、バーチャル博物館の多様な使い方が考えられる。例えば、収蔵資料を詳しく見学できるように、３Ｄ撮影により作成した高精細写真を元に、３Ｄモデリングを構成してバーチャル展示室で公開することや、研究員・学芸員が自分の担当資料、本人の研究に関する説明映像を作成し、さまざまな言語に翻訳し、バーチャル展示に埋め込み、世界中で見られるようにする。あるいは、ＶＲ、ＣＧ技術を運用し、専用のヘッドマウントディスプレイを装着し、仮想世界を現実のように体験することなどである。今後もさまざまな活躍が期待される。

アイヌ文化、アイヌ民族の伝統技能を世界に発信するため、当館のバーチャルコンテンツを引き続き充実させる方針である。

みなさん、ぜひ当館のバーチャル博物館をお楽しみください！

おわりに——ウポポイの現在と展望

国立アイヌ民族博物館館長　**佐々木史郎**

二〇二二（令和四）年一二月一三日～二〇二三（令和五）年二月一二日の期間で開催された国立アイヌ民族博物館第三回テーマ展示「ウアイヌコㇿ コタンアカㇻ——民族共生象徴空間のことばと歴史」は、ウポポイとその中核施設の一つである国立アイヌ民族博物館の開業までの過程を振り返り、そこでの活動が現在のどこにつながるのかということを明らかにすることを主な目的としていました。また、ウポポイと博物館が未来に向けてどのように歩めばよいのかを、来場者も含めて皆で考える場を提供することも目的の一つでした。開業三年目という時期にこのような展示を行ったのは、新型コロナウイルス感染症対策が見直されて、入場者状況に変化が見えてきたこと、丸二年間運営にたずさわることで職員の運営スキルに一定の向上が見られる一方で、やるべきことが増えすぎてこれからの展望が見えづらくなってきたことなどが関係しています。つまり、ここでもう一度開業時の、あるいは準備段階の原点に立ち戻って、そこから現状を見直すことで、将来に向けた展望が見通せるのではないのかという期待があったからです。

ウポポイは二〇二二年七月で開業後丸二年が経過しまして、今は立ち上げ時の混乱から抜け出しつつあるといっていいでしょう。この施設は新型コロナウイルス感染症の流行（パンデミック）とともに開業したことから、当初はマスクの着用、体温測定、手指消毒の徹底、そして、厳格な入場者数の制限を行いました。ことに、博物館は展示や資料保存の環境を整える必要から、窓を開放するようには作られていません。体験交流ホールもまた窓を開放することができず、両施設ともに「密」状態を避けるために、かなり厳しい入場制限をせざるをえませんでした。その方針は政府の対コロナ政策の変化にしたがって徐々に緩和されましたが、入場者数の制限そのものは、政府の対策が「ウィズコロナ」方針に転換する二〇二二年まで続けられました。博物館は一時間単位で入場者の上限を設け、ネットでの事前予約による整理券を発券して、それがないと展示室に入れないという対応を取りました。そのために、そのことを知らなかった人やネットが使えない人たちから博物館が見られないという苦情が多数寄せられました。二〇二二年九月以降は、事実上入場制限を撤廃し、事前予約がなくても一階のインフォメーション窓口で整理券を発券してもらって入場できるようにしています。そのために、博物館が見られないという苦情はかなり減りました。

　このように、発足当初からパンデミックという逆風の中で船出したウポポイですが、二〇二二年に入って国内外の人の流れが活発になるとともに、来場者数も順調に伸びてきました。この年の五月のゴールデンウィークには一日で三〇〇〇人の来場者を迎える日が続き、五月から一一月まで一日の入場者が一〇〇〇人を超えることが普通になりました。そして、この年の一一月三日（文化の日）に初めて実施した無料入場日には、近隣の市町村を中心に六五〇〇人の来場者がありました。初年度は七月スタートだったにもかかわらず二二万人の来場者がありましたが、二年目の二〇二一（令和三）年度には六月と九月に一ヶ月ずつ休業したことが響いて年間一九万人に留まりました。しかし、二〇二二年度はまだあと三ヶ月残すにもかかわらず、一二月時点で三三万人の来場者を迎えております。政府の当初の目標である一〇〇万人にはまだ遠く及びませんが、インバウンドが戻ってきていない現段階でこの数字は、結構健闘しているといえないでしょうか。

入場者数、入館者数は決して軽視できない要素ではあります。というのは、ウポポイの基本構想の中に「国内外の人々のアイヌに対する理解を促進する拠点」（『「民族共生象徴空間」基本構想（改定版）』四頁、二〇一六年）という一節があり、その中核施設である国立アイヌ民族博物館の基本理念でも「国内外にアイヌの歴史・文化等に関する正しい認識と理解を促進する」（『民族共生の象徴となる空間」における博物館の基本構想』五頁、二〇一三年）と宣言しているからです。できるだけ多くの人々にアイヌの歴史と文化に対する理解を広めるというのはウポポイの重要な使命です。

ウポポイ開業直後の二〇二〇（令和二）年一一月に内閣府が実施した「アイヌ政策に関する世論調査」の結果によると、アイヌという民族の存在や、アイヌ民族が先住民族であることを知っている人は回答者の九割を超えていましたが、個人や団体として言語や文化の継承に取り組む人がいることや、明治時代以降独自の言語や文化の保持が困難になったという事実を知る人、あるいは和人（民族としての日本人）との間に昔から交流や争いがあったことを知っている人はそれぞれ半数にも満たないという結果でした（内閣府政府広報室『「アイヌ政策に関する世論調査」の概要』二〇二一年 https://survey.gov-online.go.jp/hutai/r02/r02-ainu.pdf 閲覧日二〇二二年一二月二六日）。つまり、「アイヌの歴史・文化等に関する正しい認識と理解」はまだまだ普及しているとはいえません。できるだけ多くの人にウポポイでアイヌ文化に触れて、その理解を促進しなければならないのです。

しかし、当初の入場者数目標が一人歩きをして、それが自己目的化し、そのためにウポポイ内で提供されるものが、質より量を重視するような風潮となることは望ましくありません。ウポポイ全体で充実した内容を持ち、優れた展示やイベント、パフォーマンスを用意し、それを楽しむために人々が来場してくれた結果、目標に到達するというのが理想の姿ですし、本来はそのようなことをめざすべきかと考えられます。

それでは充実した内容を持ち、質的に優れた展示やイベント、パフォーマンスとはどのようなものなのでしょうか。

集客力があるものというのもそのための指標の一つにはなります。しかし、ウポポイはエンターテインメント型のテーマパークや遊園地のような非日常的な娯楽を提供することを主目的とする施設ではありません。娯楽の要素はあっても、やはり文化に関する「学び」と「発見」の方に重心が置かれていなければなりません。ウポポイの基本構想や博物館の基本理念にもいわれている「正しい認識と理解」を促すには「学び」と「発見」が不可欠だからです。しかも、何度も来ても常に新しい学びと発見があることが重要です。したがって、ウポポイや博物館が提供する展示やイベント、パフォーマンスはその面で魅力的なものでなければならないということになります。そのためのアンケートやマーケット調査、そして評価のようなものも必要でしょう。

その一方で、「魅力的な」展示やイベント、パフォーマンスを実現するためには、それを実施する人材の育成が欠かせません。ことにウポポイはアイヌ文化振興の「扇の要」（アイヌ政策のあり方に関する有識者懇談会『報告書』三四頁、二〇〇九年）であることから、職員はアイヌ文化に関する深い知識を身につけ、高いスキルを習得する必要があります。そのためにはウポポイの中での自己研鑽や職員どうしの交流だけでなく、各地域のアイヌ文化の保存団体や伝承者、学習者などとの交流、アイヌ文化の研究に従事してきた研究機関（大学や博物館等）や研究者との交流なども積極的に行うことが大事です。地域や他機関との交流はウポポイ職員のスキルアップにつながるだけでなく、相手方のレベルアップにも役立ちます。しかしそのためには、運営する側が職員に研修のための十分な機会と時間を用意することと、それが可能な人員構成や人事方針を持っていなくてはなりません。

ウポポイは三年目に入り、もはや開業直後の混乱を各種の不備や計画未達成の言い訳にすることができなくなってきました。政府の新型コロナウイルス感染症対策も大きく転換し、今後はこれまでの二年間と比べると、人数でも多様性でも別次元のレベルで来場者を迎えることになります。すなわち、国内外から、文化的背景もアイヌ文化に対する知識も異なる人々が多数来場することが予想されます。アイヌ文化の復興と新たな創造を実現しつつ、多様な来場者にそれぞれの学びと発見を体験してもらえる施設となるために、これから何をするべきなのかということを真剣に考えていかなくてはなりません。

テーマ展示「ウアイヌコロ　コタン　アカラ——民族共生象徴空間のことばと歴史」とそれを元に編集された本書が、そのことを考えるためのきっかけになることが期待されます。

二〇二三年三月三〇日

執筆者略歴（五十音順）

秋山里架（あきやま・りか）
民族共生象徴空間運営本部文化振興部体験教育課主任。

内田祐一（うちだ・ゆういち）
文化庁調査官。専門はアイヌ文化。共著に『アイヌ文化と森』（風土デザイン研究所、2018年）など。

奥山英登（おくやま・ひでと）
国立アイヌ民族博物館研究学芸部研究交流室研究主査。専門は科学教育・環境教育・博物館教育。主な著作に「動物園でできること」（中学2年国語教科書『現代の国語2』、三省堂、2016年）など。

押野朱美（おしの・あけみ）
民族共生象徴空間運営本部文化振興部体験教育課主任。

小林美紀（こばやし・みき）
国立アイヌ民族博物館研究学芸部展示企画室研究員、博士（文学）。専門はアイヌ語、形態論。共著に Anna Bugaeva ed., *Handbook of the Ainu Language*（Berlin　Boston: De Gruyter Mouton, 2022）など。

笹木一義（ささき・かずよし）
国立アイヌ民族博物館研究学芸部教育普及室研究主査。専門は博物館学（来館者研究）。共著に小川義和・五月女賢司（編著）『発信する博物館』（ジダイ社、2021年）。

佐々木史郎（ささき・しろう）
国立アイヌ民族博物館館長、学術博士。専門は文化人類学。『シベリアで生命の暖かさを感じる』（臨川書店、2015年）など。

立石信一（たていし・しんいち）
国立アイヌ民族博物館研究学芸部展示企画室学芸主査。専門は近現代史。共著に国立歴史民俗博物館編『歴博映像フォーラム15　映画とアイヌ文化』（国立歴史民俗博物館、2021年）。

田村将人（たむら・まさと）
国立アイヌ民族博物館研究学芸部資料情報室長。専門は樺太アイヌの歴史。共著に原暉之・兎内勇津流・竹野学・池田裕子編『日本帝国の膨張と縮小』（北海道大学出版会、2023年）など。

深澤美香（ふかざわ・みか）
国立アイヌ民族博物館研究学芸部研究交流室研究員、博士（文学）。専門はアイヌ語の方言学・文献学的研究。共著に Patrick Heinrich and Yumiko Ohara eds., *Routledge Handbook of Japanese Sociolinguistics*（New York: Routledge, 2019）など。

山丸ケニ（やままる・けに）
民族共生象徴空間運営本部文化振興部体験教育課主事。STVアイヌ語ラジオ講座講師（平成29年度）。

山道ヒビキ・オンネレㇰ
（やまみち・ひびき・おんねれㇰ）
民族共生象徴空間運営本部文化振興部伝統芸能課主任。専門はアイヌ語、アイヌ伝統芸能。
ウポポイにおける伝統芸能上演プログラム『シノッ』『イノミ』『イメル』企画・制作（2020年～2023年）など。

劉高力（りゅう・かおり）
国立アイヌ民族博物館研究学芸部展示企画室研究員。

ウアイヌコロ コタン アカラ　ウポポイのことばと歴史《れきし》

2023年3月30日　初版第1刷発行

編　者　国立アイヌ民族博物館（立石信一、佐々木史郎、田村将人）
発行者　佐藤今朝夫
発行所　株式会社国書刊行会
〒174-0056　東京都板橋区志村1-13-15
TEL 03（5970）7421　FAX 03（5970）7427
https://www.kokusho.co.jp

装　幀　Malpu Design
組　版　江尻智行（tomprize）
印　刷　株式会社シナノパブリッシングプレス
製　本　株式会社村上製本所

ISBN 978-4-336-07467-6

カバー「伝統的コタン」写真、「ウポポイ」「国立アイヌ民族博物館」ロゴ
（公財）アイヌ民族文化財団提供